戸門 剛
Goh Tokado

野草 山菜 川魚 キノコ ジビエ
ぼくの市場は『森』と『川』
〝奇跡の料理店〟
食味歳時記

つり人社

『山の幸、川の幸　ともん』について

都心・池袋から特急電車でおよそ30分、埼玉県南西部に位置する入間市に天然食材の料理店『山の幸、川の幸　ともん』（以下『ともん』）はある。入間市はベッドタウンとして発展してきた中堅都市の典型で、『ともん』もそんな住宅街の一角で店を営んでいる。

初めて当店を訪れたお客様の多くは、「こんな立地で本当に天然ものの食材が手に入るの？」と驚かれる。確かに「店主自ら採取した食材で」等を謳《うた》う有名店は、豊かな自然環境に囲まれた立地であることが多いようだ。また、都心や大都市には天然素材を全国から空輸で取り寄せてお出しする高級店だってある。

一方『ともん』はといえば、すぐ裏手に荒川支流の入間川が流れているものの、あまり「自然豊か」とは言いがたい環境だ。しかしそんな入間市の強みは、東西南北へのアクセスのよさだろう。圏央道が全線開通したことにより、その利便性はさらに増した。

春は地元の野草摘みから始まり、極上の山菜を求めて雪解けの新潟へと足を延ばす。

夏は各地の源流渓谷を釣り歩きイワナ、ヤマメを魚篭《びく》に収め、アユの投網漁にも精を出す。

秋はキノコを求めて奥多摩、八ヶ岳、時には東北地方まで。

冬はふたたび埼玉の奥秩父で寒雑魚《かんざっこ》やカジカと戯れる。

季節の旬の食材を求めて東奔西走の毎日。ただ何より知って頂きたいのは、『ともん』のスタイルが可能なのは、この国の懐深い自然があってこそ、ということ。この豊かな自然環境が子々孫々にまで受け継がれていくことを願い、生命を頂くことに感謝しながら日々食材と向き合っている。

『ともん』が開店したのは昭和51年の春。それまでは当地で祖父母が精米店と小さな定食屋を営んでいた。ところが釣り好きの父（戸門秀雄。当時24歳）は、

「どうせ家を継ぐなら何か特徴のある料理店を」

と考えたらしい。こうして始まった『ともん』も早40年を超えた。テーブル席3、小上がり席2のこぢんまりとした作りだが（宴会等人数により御座敷席もあり）、天然野生の渓流魚と山菜・キノコ料理などを味わえる店として、都内は元よりはるか遠方のお客様にもご愛顧頂いている。

ちなみに名字の戸門《とかど》に対して店名が『ともん』なのは、「お客様あって

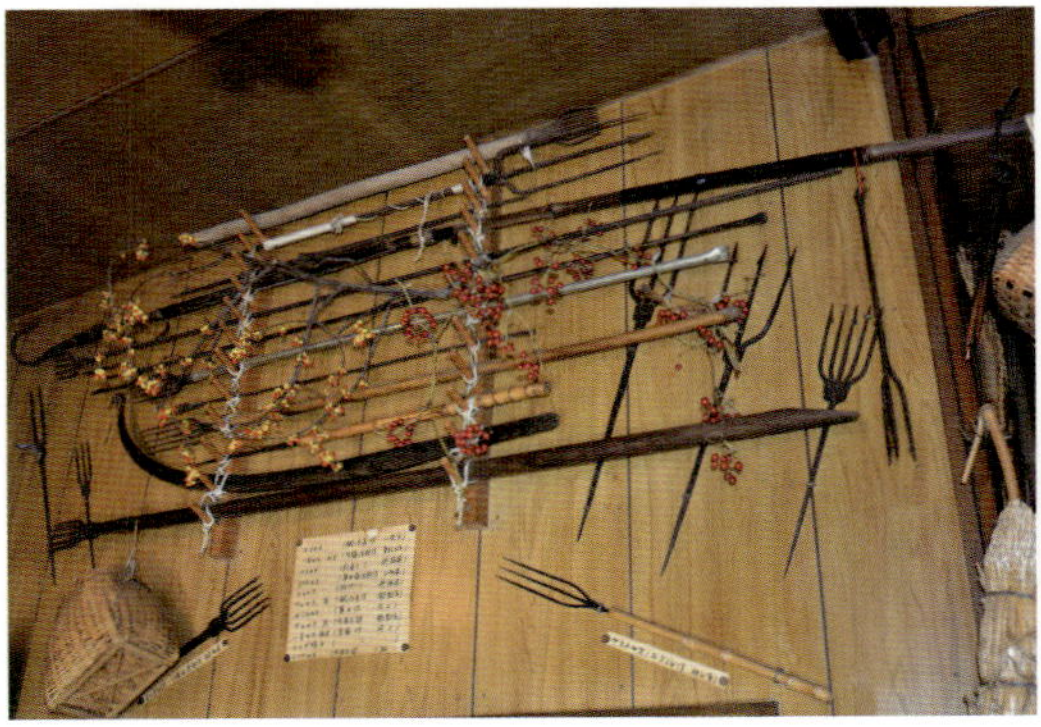

のこの商売で、カドがあってはならぬ」という父の考えによる。現在は今もなお健在の両親と、2代目となる息子（不肖この僕、戸門剛）の3人で、時に喧嘩しつつも仲よく頑張っている。

家族旅行イコール「山か川で食材調達！」という風変わりな家に生まれ育ち、幼少期から英才教育を受けた僕の当時の遊び場は、家の裏の入間川。コイやナマズ、ウナギが友でありライバルであった。やがて渓流釣りの世界に入り、現在はグローブライド株式会社（釣り具メーカーのＤＡＩＷＡ）の渓流ザオ開発に父・秀雄とともに協力させて頂いている。なお魚を釣るのは得意だが、女性を釣りあげるのはからきし駄目で現在嫁さん募集中。各地を釣り歩く合間には多くの女性と知遇を得ているのだが、なぜか母よりも年上の方ばかりというのが目下のところ悩みのタネである。

また余談ではあるが、僕には3歳年上の兄（戸門慶）がいて、彼も料理の世界に携わっている。兄は予約困難な高級飲食店の予約や決済を行なうサービス、『ポケットコンシェルジュ』を創業した。『ともん』ともども、お見知りおき頂ければ幸いだ。

山菜川魚料理
ともん

『ともん』食材＆料理カレンダー

秋　　冬

ジビエ

11 ～ 2 月（猟期）

ロースト、鍋、燻製

アユ

8 ～ 10 月末

塩焼き、背ごし、活け造り、アユ御飯

カジカ

10月後半～１月末

カジカ酒、唐揚げ

キノコ

9 月末～ 10 月中旬

天ぷら盛り合わせ、キノコ鍋

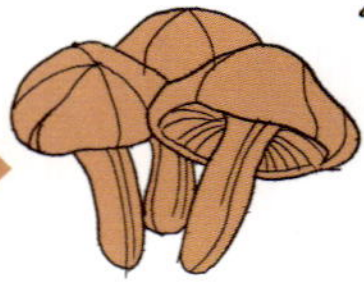

寒雑魚（ウグイ・オイカワ）

11 月～ 1 月

天ぷら、甘露煮、雑魚串

【キノコ】

シャカシメジ（センボンシメジ）	9 ～ 10 月
タマゴタケ	7 ～ 10 月
チチタケ	7 ～ 10 月
ナメコ	10 ～ 11 月
ニンギョウタケ＆アオロウジ	8 ～ 10 月（ニンギョウタケ）
	8 ～ 10 月（アオロウジ）
ヒラタケ	通年
ブナハリタケ	9 ～ 10 月
ホウキタケ	8 ～ 10 月
マイタケ	8 ～ 10 月（マイタケ）
	8 ～ 9 月（トンビマイタケ）
	9 ～ 10 月（オオミヤマトンビマイタケ）
マスタケ	5 ～ 10 月

【川の魚介】

イワナ＆ヤマメ＆アマゴ	3 ～ 9 月
アユ	6 ～ 10 月
カジカ	9 ～ 1 月
雑魚（ウグイ・オイカワ）	10 ～ 1 月
サワガニ	3 ～ 11 月

【ジビエ】

イノシシ	11 ～ 2 月（猟期）
シカ	11 ～ 2 月（猟期）

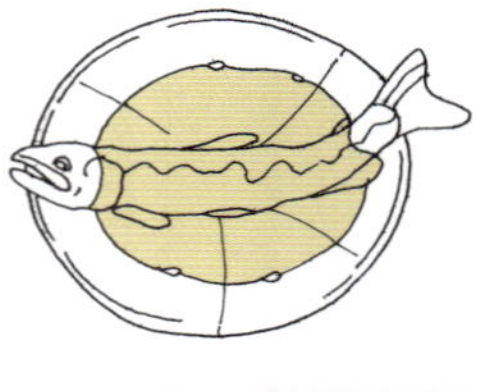

それぞれのピークと、その時期なら『ともん』でたぶん食べられる料理
（天然食材のためその年の天候等に大きく左右されることがあります）

春

夏

野草

3月後半～4月末

天ぷら盛り合わせ、セリ鍋

山菜

GW頃～5月末

天ぷら盛り合わせ、山菜盛り合わせ（おひたし、三杯酢など）、山菜鍋

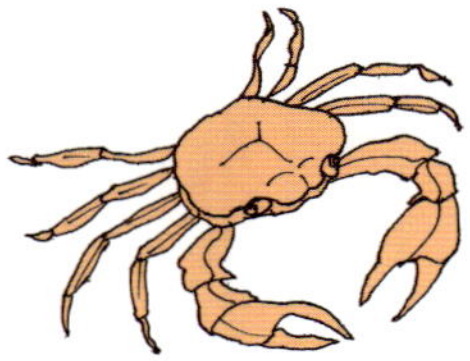

サワガニ

4～9月

唐揚げ

イワナ&ヤマメ&アマゴ

4～8月

塩焼き、燻製、骨酒

食材帖に登場する各食材のシーズン目安

【野草】	アブラナ&カラシナ	2～5月
	イタドリ	2～6月
	オランダガラシ（クレソン）	通年
	セリ	1～5月
	ツクシ	2～5月
	ノビル	1～5月
	ハリエンジュ（ニセアカシア）	5～6月
	ヨモギ	2～6月
【山菜】	アケビ	3～6月(新芽) 9～10月(実)
	アザミ	3～5月
	オオバギボウシ（ウルイ）	4～6月
	ウワバミソウ（ミズ）	4～8月
	クサソテツ(コゴミ)+ キヨタキシダ（アブラコゴミ）	3～5月
	コシアブラ	4～6月

【山菜】	タラノメ&ハリギリ	3～5月
	フキノトウ&フキ	2～6月（フキノトウ） 4～7月（フキ）
	モミジガサ（シドケ）	3～5月
	ヤマウド	4～6月
	ヤマブドウ	4～6月（新芽） 9～10月（実）
	ワラビ	4～6月
【キノコ】	アミタケ	8～10月
	アカヤマドリ	7～10月
	ウラベニホテイシメジ	9～10月
	キクラゲの仲間	通年(キクラゲ、アラゲキクラゲ) 8～10月(ニカワハリタケ) 5～10月（ハナビラニカワタケ)
	コウタケ	9～10月
	サクラシメジ	9～10月

フォロワーより

『ともん』に憩う！

山と川の幸ばかりなのがとにかく最高。どれもこれも抜群に美味い！　東京都内のどんな高級店でも絶対に味わえない本物中の本物の、山菜、茸、川魚が食べられるお店それが『ともん』です！　天然の山菜と茸の豊富さに毎回仰天しております。茸モツ煮と茸の煮しめだけでも酒がすすむのですが、山菜天ぷらや川エビ唐揚げも絶品。檜枝岐産のサンショウウオ黒焼きも実に香ばしい。鮎も山女魚も岩魚も全部美味い。塩焼きの焼き加減がまた最高なのです。今では珍しい雑魚が味わえるのも『ともん』ならでは。カジカ酒も楽しいし。あとはやっぱり茸汁！　香茸の炊き込み御飯も絶対に。文字数が全く足りません。締めには焼きおにぎり、季節限定の茸うどんも捨てがたいです。

佐藤純也
『生物』を中心としたフィギュアの作成をしている、株式会社いきもん代表

野を這い、写真家の眼で生命を見つめてきた私に、『ともん』は知らない自然の表情を教えてくれる。自らの手で採った、多彩な山の幸、川の幸。その一つ一つが美しく料理され、口に入れれば、繊細で、野性味あふれる味わいにほっぺがぽろり。今までファインダーの向こう側にあった野山の生命が、新たな彩りを放ちながら体に溶けてゆく。それはきっとこれからの写真に力を与えてくれる気がする。

そして、もう一つの楽しみが、『ともん』の親子が語る、釣りや山菜、キノコ採りの話。臨場感たっぷりの採集談に聞き入っていると、お店にいながら野にいる気持ちになる。帰る頃には、次はどの山へ行こうかとうずうず。そんな、自然溢れる『ともん』に乾杯。

佐藤岳彦
写真家

玉置標本
アウトドアライター

私も少しは山菜やキノコを採りますが、だからこそわかるのが『ともん』のすごさ。自分ではなかなか採れない憧れの食材と出逢え、旬の味を生かした調理法が学べる稀有な店でありながらお手頃価格。秀雄さん、剛さんとの会話も楽しく、カロリー以上に知識を吸収できる場所です。

春の山菜十種盛りはまさに圧巻で、アケビの新芽を食べればほろ苦さで体がシャキッとするし、ワラビのような食べ慣れた食材も余所で食べるのとはなぜか一味違います。

夏にはアユ尽くし、秋には天然キノコ三昧、冬は鹿や猪などジビエ食材と、季節ごとに全く違う味を楽しめるのも大きな魅力ですね。季節を舌で感じたければ、やっぱり『ともん』ですよ！

深谷秀樹
アニメーション制作プロデューサー

この店に出会って人生が豊かになった。初めて見た山菜の美しさ、初めて感じた渓流魚の力強さ、初めて匂ったきのこの香しさ。どうしてすべてがこんなに美しく、滋味豊かで、美味いのか。

これらを求めて春夏秋冬山へ渓へ入るようになってしまった。未熟な僕に山や渓のイロハを教えてくれたのは、店主の戸門さんや二代目の剛君、そしてこの店の常連客。彼らは山菜の摘み方、渓流釣りのイロハ、きのこの見分け方、またその調理法を教えてくれるばかりか、時として、そこに生きる人々の文化や歴史、気候風土も教えてくれた。まさに生きる力が呼び覚まされ、四季の移ろいが五感で感じられるようになった。

そんな仲間と、四季折々酒肴を囲んで、時間を忘れて語り合える店、それが『ともん』です。

吉原しおり
シンガーソングライター

木の温もりに包まれ、とれたてのキノコの香りがマッチングしている店内。『ともん』で初めて出会った天然のキノコは茶、赤茶、オレンジと艶のある発色が美しく、エイのように傘がヒラヒラしているもの、松の木のようにうねった躍動感があるものなど、見た目はワイルドな印象。食べてみると苦味があったり、食感がプリプリとしていたり、そして街育ちの私にも森の風景が身近に感じられるほど深い香りも運んでくれました。お皿を彩る料理にはスーパーのキノコでは味わえなかった感動と、その一つ一つに店主と素材の織り成す世界観があり、こだわりというのは愛情深さでもあると感じ、愛情深さが人に幸せを与えるのではないかと、一表現者としての学びにもなりました。物腰の柔らかいお人柄の店主にゆとりをもたらしてくれる味わい、そこに集う人々。空間が超越して心に残るひと時となりました。

目次

秋

冬

食味歳時記『ともん』料理帖

●装丁　神谷利男デザイン株式会社［神谷利男・斉藤潤花・坂本成志］

●イラストレーション　神谷利男

暖かな日差しが冬枯れの景色を
やわらかな緑に染めていく。
鳥が歌い、蝶が舞う。
春は喜びの季節だ。
地場の野草摘みから始まる『ともん』の旅路は、

春

Spring

北に進む山菜の旬を追って雪国へと至る。
山菜採りの合間に傍らを走る奔流を眺めていると、
1尾のイワナが躍り上がった。
それはまるで待望の季節の到来に
感謝を表わすかのようだった。

梅の花を目のごちそうに、春の野草摘みは身近な場所で楽しめるのがいい

仕入れ日記

野草摘み

子供の頃、春の七草を摘みに祖父母とよく出掛けた。どれがナズナかわからず、タンポポばかり摘んでいた懐かしい思い出。今では祖父母も他界し、あの日遊んだ休耕田には住宅が建っている。セリがたなびいていた小川も三面護岸に変わり、繁茂するのは外来種の藻類ばかりだ。しかし、それでも野草たちは力強い。よく目をこらしてみれば、そこかしこに今も昔と変わらず咲き誇る姿が

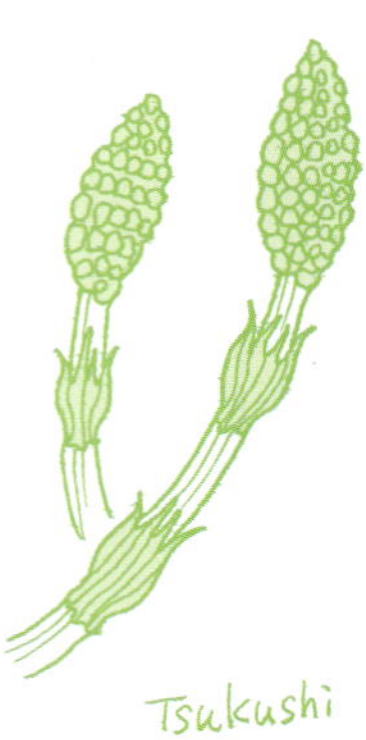

ザルの上に春を盛ってみた

ある。たとえそれがまだ冬枯れの残る茶色一色の世界であっても。

「春は里から山へ、秋は山から里へ」

この格言に従えば、気の早い春を探すには標高が低く日当たりのよい土地、つまり里から巡るといい。例年、2月も半ばを過ぎると、僕は県内の毛呂山《もろやま》町にある鎌北湖周辺に出掛ける。鎌北湖は世界恐慌対策の公共事業の一環として造られた農業用貯水池で、1935年完成の歴史ある人造湖。現在はヘラブナやコイ釣りが盛んで、桜の季節は花見の名所としても名高い。周囲を外秩父山地に囲まれ、豊かな自然が残る環境だ。

まずは知り合いの休耕田を散策する。ヨモギ、ナズナ、カンゾウ、そして赤が鮮やかなイタドリの新芽を摘む。

葉の落ちた枝に無防備に止まっている姿が
風見鶏のような3羽の雄キジ

平野部から山地側へ少し入った位置にある鎌北湖。四季折々の色彩を楽しめ、ヘラブナやコイ釣りでも人気

カンゾウ

前夜の小雨を受けて、イタドリの葉先には艶やかな滴の玉が光っていた。

そのまま畦を行くと、今度は早くも背を伸ばしているツクシを見つけた。雨上がりのツクシは瑞々しく健やかで質がよく、採取時に胞子で手が汚れることもない。今日はツクシの卵とじが楽しめそうだ。

畦を抜け、休耕田の背となる丘の斜面を登り、するりと伸びた棘付きの木肌の先端を見る。里のタラノメはまだ一分といったところ。ニワトコとハナイカダの若葉を摘んで田の脇を走る小川へと向かうことにした。流れを囲む古ぼけたフェンスには、ミツバアケビが新芽を巻き付けている。その柔らかな葉先を夢中で摘んでいると、対岸の木にとまる3羽の雄キジの姿に気付いた。ピューイと口笛

ニワトコ

タンポポ

ナズナ

を鳴らすがキジは素知らぬ顔。まるで役目を忘れた風見鶏のようだ。もしや彼らは、狩猟期間が終わったことを知っているのだろうか。

陽光を映してきらめくせせらぎではセリ、ミツバ、クレソンがゆらゆらとその身を任せていた。クレソンの茂みから、ひょっこりとシマドジョウが顔をのぞかせ、ふたたび潜り込む。掘ったばかりのノビルの球を洗い、そのまま生でかじる。鼻に抜ける爽やかな辛味に思わず涙が出そうになった。濡らした手をなでる風はすでに柔らかく暖かい。季節はもうすぐ春本番、待ちに待った山菜シーズンがやって来る。

アブラナ・カラシナ

川縁や田畑の畦などに群生するアブラナは、4月頃に鮮やかな黄色い花を咲かせる。俗に言う菜の花とは、アブラナ科アブラナ属の花を総称したもの。黄色く染まった菜の花畑は、桜と並ぶ日本の春の風物詩。可食部は葉・茎・花で、まだ柔らかな部分のみを摘む。クセのない味わいでどんな料理にも合う名脇役だ。和えてよし、炒めてよし、汁の実にしてもいい。ベーコンで包み揚げただけの品ですら箸が止まらぬ一品となる。素朴におひたしでも美味だが、豊富に含まれるビタ

アブラナの若芽と開いた花

ミンCやミネラルを無駄にしないために茹ですぎないこと。茹でずに蒸すという選択もアリだ。

カラシナはアブラナ科の植物で、種子を和からしの原料として用いていたことから芥子菜と呼ばれる。同一環境に生えるアブラナとの見分け方だが、丸みを帯びた葉先のアブラナに対し、カラシナの葉には特有のギザギザがあり分かりやすい。年明けから早春にかけての柔らかな新芽のみを摘み、食感を残すため手早く油炒めにするとご飯のお供に最適。

また、酒肴としては「ふすべ」がオススメ。軽く塩を振り、よく揉んだカラシナの葉に熱湯をかける。粗熱がとれたら密閉容器に板昆布を敷き、軽く絞ったカラシナを入れてふたを閉める、ただそれだけ。冷蔵庫で数時間も置けば、ふたを開けただけで涙が出るほどの辛味が襲う。思うように辛味が出ないという人は、おそらく揉み方が優しいはず。繊維を潰すように、ちょっと憎しみを込めるくらいの気持ちで強く揉むことが大切だ。ちなみにふすべの辛味は日を経るごとに抜けていく。大量の作り置きは厳禁だ。

川岸に群生するアブラナ

カラシナは葉にギザギザがあるのが特徴だ

カラシナも川縁などに生える

アブラナとカラシナの群生。違いが分かる?

イタドリ・オオイタドリ

日当たりのよい荒れ地や川沿いに自生するタデ科の多年草。特有の酸味が持ち味で、大量収穫も可能。スカンポなど多くの地方名があり、各地で長年親しまれてきたことが分かる。『ともん』では3月くらいから地場のイタドリを用い、4月後半からは主に雪国で見かけるオオイタドリへとシフトする。東北以北に自生するオオイタドリは、その名のとおり3ｍ前後にもなる大型種だが、食用にするのは萌え出たばかりの新芽だ。採取時はまず前年の枯れた茎を探す。その中心部をよく見ると、雪消えの中からひょっこり顔を覗かせるピンク色のつぼみ状の新芽。わずか2、3㎝のものをナイフで収穫する。見る間に丈を伸ばしていくのでまさに期間限定の食材だ。

新芽はサッと湯がいて冷水にとって冷まし、三杯酢に漬ければ目にも鮮やかな逸品に。削り節と醤油で召し上がってもオツで、ツルッとした食感が何ともいえない。また少し丈の伸びたイタドリはジャムにするのがオススメだ。葉や筋をていねいに取り除き、輪切りもしくはミキサーにかけて、イタドリの約半分量の砂糖とともに火にかける。水分が出てきたら少量のレモン汁を加え、アク取りをしながら焦げ付かないように煮詰めていく。煮沸消毒したビンに、まだ熱いうちに

オオイタドリ◉新芽のピンク色はわずかな間で消え、やがてこのような普通の緑色に変わる

イタドリ◉これくらい葉が開いたものは天ぷら用に

オオイタドリ◉春に芽を出したオオイタドリはぐんぐん成長し、夏には人の背丈を軽く超えてしまう

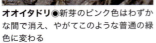

詰めてふたをし、ビンごと流水で冷ます。こうすると長期保存も可能だ。ヨーグルトや、夏場にはかき氷に添えてもよいだろう。

オオイタドリ●土から顔を覗かせたばかりの新芽は可憐なピンク色

オランダガラシ

和名のオランダガラシよりも別名のクレソンで広く知られる水辺の多年草。ヨーロッパ原産の帰化植物で、非常に旺盛な繁殖力をもち、湧水地や小川、田んぼ脇のU字溝にまで大群生する。しかし食用には、なるべく清冽な流れで育ったものを選びたい。水温の安定した湧水地では一年中摘むことが出来るので一石二鳥だ。

今や要注意外来生物に指定され肩身の狭いクレソンだが、クセのないさっぱりとした辛味が持ち味で、肉料理の付け合わせによく用いられる。生のものは天ぷらやサラダ、野菜ジュースにしてもよい。また通年瑞々しい青さを保つクレソンは、冬料理の彩りにも一役買う。鍋物の仕上がりに軽く刻んで散らすことで、見た目も味わいもぐんと増す。特に鹿や猪など、昨今流行のジビエ鍋相手には大活躍だ。

食用にはなるべくきれいな水で
育ったものを選ぼう

湧水地から田んぼ脇のU字溝にまで大群生が見られる

セリ

セリ、ナズナと春の七草で第一に挙げられるセリは、さわやかな香りとシャッキリとした歯応えで長らく日本人に愛されてきた。主に湿地や水田、小川のせせらぎに自生する。根を痛めなければ次から次へと伸びてくるため、採取時には小さなナイフがあると便利。

同環境に生えるセリとドクゼリ（毒）との見分け方だが、前者は葉柄が短く、後者は長め。さらに春の七草の時期にセリの丈がせいぜい10～15㎝であるのに対し、ドクゼリははるかに大きく育っている点も異なる。慣れないうちは根を掘り出すと分かりやすい。セリは白いヒゲ状の根、ドクゼリはタケノコを思わせる太い地下茎があるのが特徴だからだ。いずれにせよ、まずは経験者と出掛けて双方の違いを勉強するとよいだろう。

生のものは軸をくるりと結わえて天ぷらに。だらしなく広がりやすい食材はこうすることですっきりと美しく揚がる。また手早く茹でて冷ましたセリは、水気を絞った後に巻き簀《す》で磯辺巻きにする。仕上げには軽くレモン汁を垂らし、お好みでわさび醤油を。酒肴にもってこいの一品だ。

大量に収穫出来た時はセリ鍋もよい。あっさりとした醤油仕立ての鍋を作り、仕上げに山ほどのセリを乗せる。栽培種とは似ても似つかない鮮烈な香りをぜひともご賞味あれ。

セリの植生。休耕田❶、せせらぎ❷、小沢の土手沿い❸などでよく見られる

ツクシ

暖かくなりつつある日差しを目一杯受けようとして、すっくと背を伸ばすその姿。ツクシに出会うと僕は「春が来たなあ」と一人うなずいてしまう。

ツクシが多く見られるのは3〜4月の休耕田や畔、河川敷など、とにかく日当たりのよい場所だ。採取時は地下茎を痛めぬように、地面すれすれではなく少し上部から摘む。ボンボンとも呼ばれる頭部（胞子嚢《のう》）は、隙間が見えないほど密なものはそのまま利用し、開いて胞子の出ているようなものなら取り除く。苦味の元となるからだ。節のつなぎ目を覆うハカマは指でくるりと剥《む》く。指先がアクで黒く染まってしまうのが悩ましいところだが、美味しく頂くための必須作業だ。ちなみに、雨上がりのよく晴れた日に採取したものならハカマ取りは幾分楽になる。

下処理の済んだツクシは、そのままかき揚げにすればシャキシャキとした食感がたまらない一品に。またひと摘みの塩を入れた熱湯でさっと湯通しし、流水で冷ました後に水気をとって合わせ酢に漬ければ、鮮やかなピンク色が美しい三杯酢の出来上がり。ほかにも和え物、卵とじ等にしても楽しめる。

雨上がりのツクシ

ノビル

1〜5月、土手沿いを中心に野原等に自生するノビル。硬い地質に密集して生えたものより、小石混じりの柔らかな地質にまばらに生えたもののほうが、鱗茎《りんけい》が大きく引き抜くのも容易だ。僕のお気に入りの採取場所は川沿いの荒れ地なのだが、いつからか両岸の桜並木が花見の名所になってしまった。見頃と重なると、見物客のいぶかしげな視線を一身に浴びつつ……という羽目になって少しだけ恥ずかしい。

採取にはスコップを使うと便利だが、鱗茎の小さなものはふたたび元に埋め直し、翌年も楽しませてもらうための配慮がほしい。

オススメ料理は、ノビルの一文字。汚れを落としたノビルは手早く湯に通し、冷ました後でひげ根を取り除く。青い葉の部分を紐代わりに、鱗茎のやや上からくるくると巻けば、見た目も愛らしい小坊主さんの出来上がり。酢味噌を付けてかじればぴりりと舌にくる、春を味わえる一品に。酒の肴ならば醤油漬けもいい。密閉出来る容器に板昆布を敷き、寸を揃えて切った生のノビルを重ね、醤油と酒を振り掛けて冷蔵庫に。一晩も置けば食べ頃だ。

ノビルは身近な場所で採取できる野草の一つ

ぷっくりと膨らんだ鱗茎が特徴

ハリエンジュ

主に街路樹や公園樹として北米から移入されたハリエンジュは、非常に旺盛な繁殖力を持ち、最近では各地の河川敷で野生化している。別名ニセアカシア。日本でアカシアといえば多くの場合はこのハリエンジュを差す。食用とするのは5月頃から咲き始める白い花だ。咲き乱れる満開の花弁よりも、まだ薄く赤みがかった五分咲き程度のもののほうが、香りも質も優れている。ハリエンジュの枝には所々にトゲがあるので、採取時は軍手を忘れず持参するとよい。

生の花穂を天ぷらにしたものは上品な甘みがクセになる。またハリエンジュといえば甘酢漬けが定番料理だ。穂からしごくように花のみを外し取り、熱湯でサッと茹でたら冷水にとって冷ます。風味を損なわぬように優しく絞ったものを甘酢に漬ける。そのまま食べても、サラダ等に添えても美しい。ほかにホワイトリカーに漬け込んだアカシア酒等も、濃厚な花の香りを楽しめるだろう。

花の蜜に誘われて虫たちもやってくる

5月頃になると川沿い等で白い花を咲かせているのが見られる

ヨモギ

ヨモギは日本全国の河原や野原などどこでも見られる多年草だが、食用にするのは春先のものがよい。まだ丈が短く、柔らかな先端部だけを選んで摘む。『ともん』では生のヨモギは薄衣でカラッと揚げて天ぷらにする。ほのかな苦みを楽しむには、天つゆよりも塩がよい。

またヨモギ料理の代名詞といえば、茹でたヨモギを刻み、すり鉢でていねいにあたり、餅《もち》と搗《つ》き合わせた蓬餅《よもぎ》(草団子)だ。ヨモギの別名「餅草」の由来はここから来ている。僕は子供の頃、学校帰りに摘んできたヨモギで祖母と一緒によく蓬餅を作った。翡翠《ひすい》色の見た目は子供心にも鮮やかで、何個も口に運んでお腹をまん丸にふくらませ、晩御飯に全く手を付けられず母に怒られた思い出がある。家族で仲よく搗いた蓬餅を手に、盛りの桜見物に……。花と団子を同時に楽しめるそんな風流を、このご時世にこそ体験してみてはいかがだろうか。

ちなみに作りすぎて食べきれなかった翌日もご安心を。固くなった蓬餅はサッと両面を炙《あぶ》り、味噌を一塗り。作りたてとはまたひと味違う美味しさに頬《ほお》が落ちること請け合いだ。ヨモギの用途は食用だけに限らない。石ですり潰し、その汁を水中眼鏡の内側に塗ればお手軽な曇り止めになる。夏の川遊びに覚えていて損はないはずだ。

食用には春先のなるべく丈が短いものがよい

蓬餅を作ってみよう

うららかな日差しの下、仲間を集めて春の風物詩作りにチャレンジ！　臼と杵さえ用意できれば案外簡単だ。

❶まずは餅作りから！

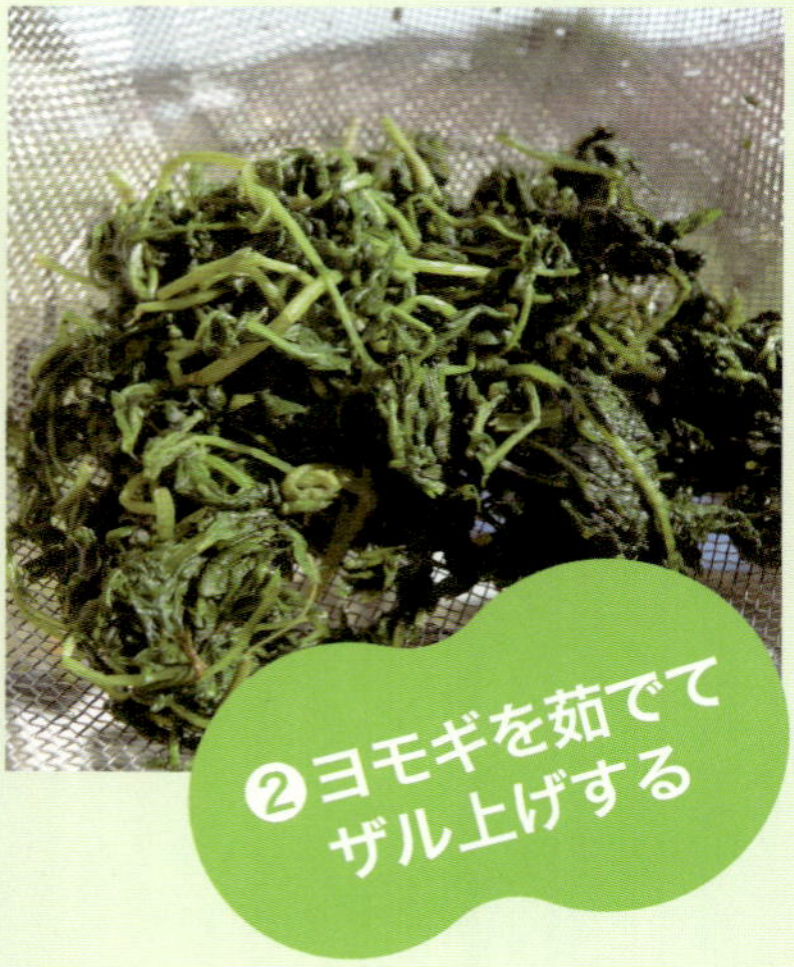

❷ヨモギを茹でてザル上げする

❸茹でたヨモギをすり鉢で摺り、餅に混ぜる

④餅と搗き合わせる

蓬餅を
乾燥させてもOK

餡子を
くるんでも、
乗せてもOK

仕入れ日記

渓流釣り

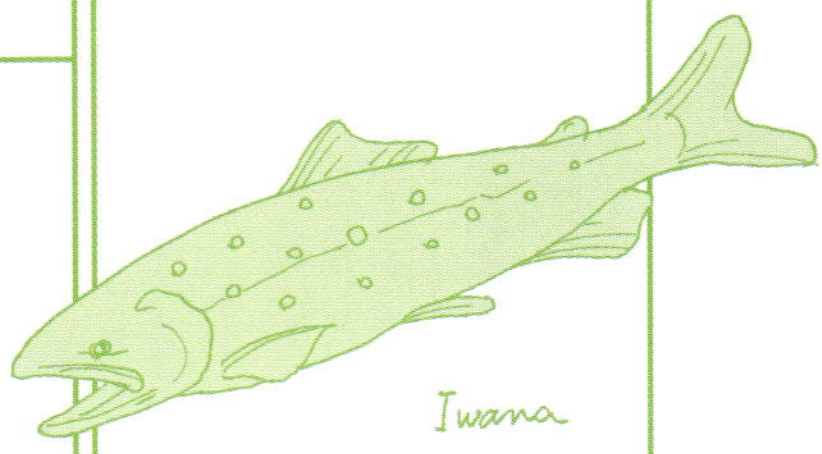

3月1日、渓流釣りを愛する者にとって待ちに待った日がやって来た。数日前からそわそわと仕事中も常に夢想していたのは、解禁釣行の舞台について。「シーズン最初の1尾は必ず天然もの」と決めている僕にとって、渓《たに》選びはことのほか重要だ。地元埼玉の奥秩父にしようか。木曽のイワナか。暖かな伊豆でアマゴ狙いもいい。はたまた……。

ここ数年初釣行を飾っているのは、新潟県の清津《きよつ》川・魚野川水系。全国屈指の豪雪地帯として知られる地域の3月初旬は、未だ一面の銀世界だ。かんじきを履いても一歩ごとに腰まで雪に埋まり、汗だくになりながら川縁へ辿り着くと、雪庇《せっぴ》が流れをふさぐように迫り出している。不用心に近づけば足下は崩れ、命がけの寒中水泳になること必至である。だから僕は安全策として、前もって川面へと降りてしまう。河原歩きは、落雪にさえ気を付ければ足下の不確かな雪庇の際を歩くよりもはるかに安全だ。

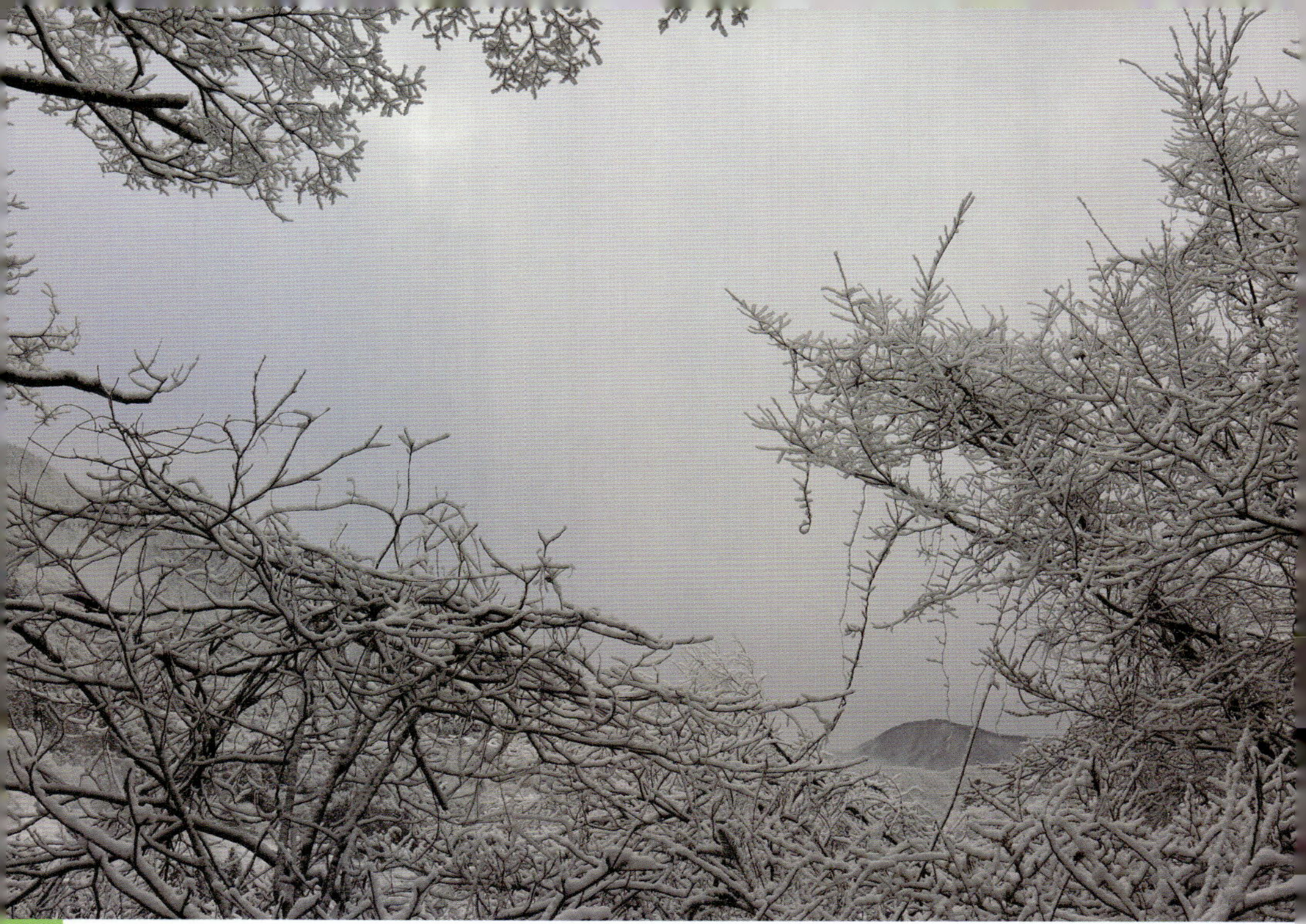

渓流釣り解禁といっても
豪雪地帯ではまだモノクロームの世界。
樹氷に覆われた渓を行く

道なき道を歩くには
かんじきが必須。
そして雪の上にはその跡だけが点々と続く

川面に降りるための工作。スコップで慎重に雪庇を切り崩して雪を踏み固め階段を作る

しかし、考えもなしに降りてしまうと帰路で困ったことになる。降り積もった雪のおかげで岸がずっと高くなり、手がかりすらも覆い隠しているからだ。僕自身、這い上がろうにも這い上がれず途方に暮れたことが何度かある。そんな時役立つのが背中に縛り付けた大型のスコップだ。これで下降時に周囲の雪庇を切り崩し踏み固めて、川面までの階段を作っておくというわけ。当地に生まれ育った名人に教えて頂いたマル秘テクニックである。

たとえ釣行時に降雪がなくても3月の新潟、それも山間の渓流の気温は当然のことながら低い。濡れた釣りイトはあっという間に凍り付き、ビーズ状になってしまう。指もかじかみ感覚を失っていく。いくら渓流魚が低水温を好むといっても、これでは彼らの動きが鈍いのも無理はない。そしてただ時間だけが過ぎていく。もう温泉にでも入って帰ろうか、そんな誘惑が脳内に響く。

流れに厚く迫り出した雪庇。上から踏み抜いたら大変なことになる

待ちに待った瞬間。サオ先が引き込まれ、景色は一転して静から動の世界へ

サビ色のイワナ。釣り人はこの色合いに春を感じる

釣りザオの穂先も釣りイトもすぐに凍りついてしまう寒さ

川の両岸には剣山を
逆さまにしたような氷柱が

ゴルジュと呼ばれる函状の渓を行く

タニウツギの花が咲き乱れると山岳渓流シーズンの開幕

初夏以降の渓流釣り

その瞬間、釣りイトの目印がわずかに動きを見せる。高鳴る鼓動。サオを握る手に緊張が走る。ひと呼吸おいて渾身《こんしん》のアワセ。水底をゆっくりと、しかし力強く何かが動き出す。サオの弾力を活かして、あやすように相手をいなす。鼓動はさらに高まる。やがて力尽き、浮上した相手を丁寧にタモ網の中へと導いた。尺イワナだ。純白の雪と、漆黒に近い魚体が織り成すコントラストにしばし見とれた。

解禁当初の渓流魚は黒みがかった体色をしていることがある。これを釣り人はサビ（錆）と呼ぶ。長く厳しい冬の間、暗い水底にじっと潜んでいた魚たちは周囲の色をその身に宿すからとも言われている。だが、僕はこの1尾に出会いたくてはるばる新潟までやって来たのだ。渓流シーズン開幕を飾るに相応しい相手に感謝し、独り吠えた。

渇水の夏、良型ヤマメを仕留めた

春が深まり、雪解け水が奔流となって渓を走る雪代《ゆきしろ》の頃は大ものの釣りの季節だ。太イトに大オモリで本流に挑む。やがてタニウツギが咲き誇る頃になると、山岳渓流の魚たちは一気に肥え太る。水生昆虫に加えて、木々から落ちる羽虫や甲虫類なども彼らの主食となるからだ。テンカラと呼ばれる和式毛バリ釣りが面白いのもこの季節。自作の毛バリで魚たちを誘い、惑わせる。

夏の渇水時期は「一里《いちり》一尾《いちび》」という渓流釣りの格言どおり我慢の季節。じりじりと照りつける日差し、ただでさえ少ない水量、気温とともに水温も上昇の一途をたどり、冷水を好む渓流魚たちは夏バテ気味。こんな環境下での釣りはシビアなものとなるが、難しいからこそ面白いのも渓流釣りだ。釣れない釣りほどつまらないものはない。しかし、苦心してやっと釣りあげた1尾は、計り知れない興奮を伴う。

戸門親子は釣具メーカーのDAIWAで
渓流ザオの開発にも携わっている

東北から北陸地方の渓流では
夏からお盆頃にかけてアブの大群に
襲われることも

秋、多くの地域では9月末をもって渓流釣りが禁漁となるため、渓にはふたたび多くの人が押しかける。本流の深みに潜んでいた大ものも支流へ、支流へと遡上するため、雪代期と並んで大ものと出会いやすいタイミングだ。しかし秋は渓流魚にとって恋の季節でもある。奥山の細流では早くも番《つがい》になったイワナに遭遇する。そんな時は即座にサオを畳み、彼らの営みの無事とその子らが健やかならんことを願う。ただの綺麗事ではなく、彼らがあってこその『ともん』だからだ。

禁漁期間はふたたび夢想の日々が続く。半年後の解禁日に挑む渓はどこにしようか。あそこはどうだろう。あの時釣り逃した大ものはまだいるだろうか。指折り数えて過ごす毎日がこれまた楽しい。ああ、渓流釣りのなんて素晴らしいこと!

これでは恋人を釣りあげる暇など皆無である。

名もない小沢がサワガニ捕りの舞台

仕入れ日記

サワガニ捕り

水温む春、埼玉県西部を流れる高麗《こま》川の支流へ向かう。目当ては渓流の赤い宝石・サワガニだ。冬期は陸地の落ち葉や石裏で冬眠状態だったサワガニたちも、うららかな日差しに誘われて歩き出す頃である。

やって来た沢はせいぜい2〜3mの川幅で水深も20㎝足らず。サワガニ捕りにもってこいの環境だ。サワガニは夜行性のため、昼間は主に石の下に隠れ潜む。ゆえに狙うのは、ぴったりと地面に張り付いた石ではなく、軽く持ち

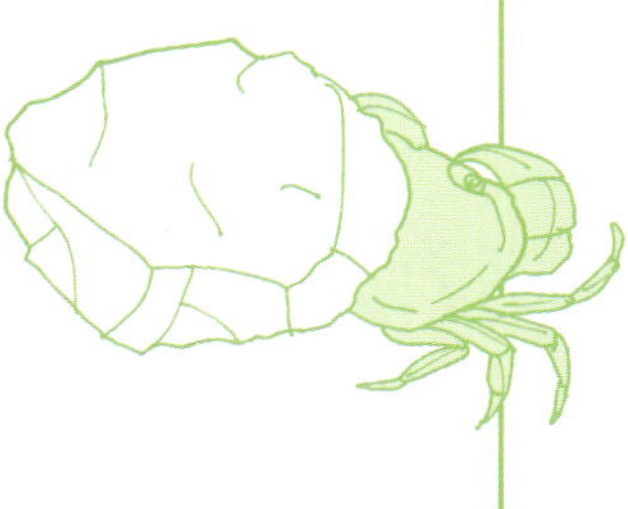

サワガニ捕りの手順

❶まずは石探し。
手で簡単に引っくり返せる浮き石がねらいめ

❷見当をつけた石をそっとはがす

❸引っくり返すと石で押さえつけられていた砂煙が舞い上がる。濁りが落ち着くのを目を凝らして待っていると

❹サワガニが這い出してきた

上げられるような隙間の空いた石。つまり浮き石だ。片手で石をはぎ、もう一方の手でサワガニをつかみ取り、というのが基本の手順である。

目当ての浮き石をそっとはぐと、意外なほど機敏に逃げ出す赤い影。ここであわてて手を差し入れると底砂が巻き上がり、相手を見失う。あわてず騒がず砂煙の外縁を眺めていると、やがて様子を窺《うかが》いつつといった感じで1匹のサワガニがのそのそ這いだして来た。待ってました、と捕まえる。甲羅の下部をつまむように持つとハサミは届かない。サワガニをバケツに入れて、先ほどはいだ浮き石を元通りに直す。次なるサワガニのため、ひいてはそれを捕まえる僕のためである。上手なサワガニ捕りの歩いた川はその痕跡もわずかだが、下手の後はよくわかる。まだコケの生えていない白く

❺甲羅の下部を摘むようにして持つとハサミが届かない

ツルツルとした裏面がそこかしこに目立つからだ。

はいでは捕り、石を戻し、稚ガニや脱皮したての甲羅の柔らかなサワガニはふたたび放す。そうこうしているうちにバケツの中では十数匹のサワガニがやかましく声を上げている。カチャカチャカチャカチャ……。お互いを傷つけ合わないように川岸のクレソンをひとつかみ入れた。

そろそろ戻ろうかと視線を上げると、見渡す限りの石という石がひっくり返されている惨状が目に飛び込んできた。川縁の砂地には犯人の残した足跡が転々と続く。思わず周囲へと目線を巡らした。これは埼玉県でも数を増しつつあるイノシシの仕業だ。彼らは丈夫な鼻先を器用に使い、10kgもあるような川石さえ転がしてサワガニや川虫を狙う。無論、石を元通りに直すなどという配慮

コケが生えてない石を見たら「先行者」がいるかも

捕まえたサワガニ同士がケンカをして傷つけ合わないようにクレソンなどを入れておくとよい

イノシシに荒らされた小沢。写真右の露出した土はイノシシが掘り返した跡。大きな石がいくつもひっくり返されていた

は望むべくもない。

平成も終わろうとしているこのご時世、当地においてサワガニ捕りを嗜《たしな》む酔狂な輩など僕ぐらいのものと自負しているが、ここに来て思わぬ強敵の出現である。「せめて石は元通りにしておいて」と願うのは人間の身勝手なのだろうか。

サワガニ捕りをしていると、まだ幼い頃、祖父母に連れられて来た清水のことを思い出す。川幅も狭く深場らしい深場のない小沢は、僕を遊ばせるには格好の場所だったのだろう。僕が人生で初めて自分で捕まえた生き物は、もしかしたらサワガニだったのかもしれない。

うれしいことにあの日の流れは健在で、サワガニも昔と変わらず暮らしている。僕もいつか子や孫を連れて……と思うが、その前にまずは嫁さん探しが先だった。

仕入れ日記

山菜採り

僕の山菜採りの正装

各地の山菜を味わう度に、一つ思い知らされることがある。それは「雪国の山菜には決して敵わないな」ということだ。降り積もる雪が地味を豊かにするのか、彼の地の山菜は太く柔らかく、そしてアクが少ない。埼玉県に住む僕が新潟などの雪国まで遠征する大きな理由である。

豪雪で知られる新潟県の山間も、4月後半ともなれば徐々に白から茶へと景色が移り変わる。特に渓流沿いは雪消えが早く、山菜採りの一等地だ。フキノトウを始めと

雪渓の周辺は気温が低く抑えられ遅くまで山菜が採れるポイント

ウドやウルイを求めて泥壁を登る。足場は非常に不安定なことこのうえない

雪代（雪解け水）で増水した川を渡らなければならないこともある。その場合は徒渉に適した足回りと、杖などの補助具もあると便利

して、コゴミ、アザミ、オオイタドリ、シドケやヨブスマソウが雪の隙間から競うように顔を出す。

時には釣り人の特権とばかり、チェストハイ・ウエーダー（胸までを覆う釣り専用長靴）を武器に川を渡り、対岸に広がるコゴミの群落を狙うこともある。しかしあまり欲をかくとまずい。日中の日差しは山々の雪解けを加速させ、渓流の水かさを増していく。気付いた時にはもうとても渡れないという羽目にもなりかねず、その場合は気温とともに水位が下がる翌朝まで対岸に置き去りとなるからだ。

泥壁に生えるウルイやヤマウドを採取する時は、足場となる凹みを作り斜面を登る。しかし、そうしてやっとの思いで張り付いた急斜面で、先端部だけかじられたウルイを目にすることがある。犯人は鹿やカモシカだ。人間

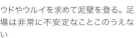

カモシカも新芽を食べに来たのだろうか。お母さん（左）と、はるか頭上には子どもの姿が。急斜面を全く苦にするようすもなく悠然としていた

には肝が冷える断崖も野生動物にとっては朝飯前なのだろう。実際にヤマウド採りの折、食事中のカモシカの親子と出会ったこともある。数十メートルの高みからこちらを見下ろすニホンカモシカの子。親はすぐに踵《きびす》を返したが、子は逃げるでも迫るでもなく、思いがけぬ珍客に興味津々のようでずっと僕を眺めていた。時折ごく小さな石が落ちて来て、その都度仰ぎ見ると子は素知らぬ顔。かまって欲しかったのかな？ なんて想像は人間の愚かしさで、単にエサ場を荒らされた腹いせに石を蹴落としただけなのかもしれないけれど。

最近、各地で「○×集落の者以外の山菜採取を禁ず」という看板が目に付く。「止め山」「共有林」などと呼ばれるこれらの土地での山菜採りは、当然厳禁だ。ではそ

キノメを摘みに来た地元のおばあちゃん。自然体で流れるように慣れた手つきに思わず見とれてしまう

れ以外の場所はすべてフリーパスなのかといえば、決してそうではない。国・地方自治体・個人の違いはあっても誰かが必ず権利を持っている。また仮に開放されていたとしても、根こそぎや根絶やしにするような採り方は慎んで欲しいと願う。「自然はみんなのもの」という言葉には、続きがあるはずだ。それは「だから好き勝手に採っていい」ではなく、「だからこそ一人一人が大切に守っていかなければならない」であるべきだと思う。

父の代から数えると30年以上に渡る親交から、『ともん』親子はいくつかの土地で許可を頂き山菜採りをさせてもらっているが、やはり節度を保って採ることを心掛けている。また、必ず限界まで歩き、それから採り始めるというのも父からの教訓だ。集落に近い場所の山菜はその土

山の春を籠に盛る。どれも優しい色合いをしている

地に生きる方々に優先して採ってもらうためで、高齢化が著しい山間部においてはとても大切なことだと思う。

地域の方が、山菜が生える環境を未来へ残すためにどれだけ気を配っているかエピソードを一つ挙げておきたい。

5月も末に差しかかったある日、渓流釣りでヤブに覆われた沢を遡行（川をさかのぼること）していると、途端に視界が開けた。ぽっかりと広がる空の下に10畳ほどの広さの中州があり、全面を極太のコゴミが埋め尽くしていた。両岸の木陰には厚い残雪の壁。通り抜ける冷涼な渓風がクーラーの役目を果たし、コゴミを早春の状態に保っていたのだろう。これはよいポイントを知ったと早速屈んだ僕が目にしたのは、驚きの光景だった。ほぼ全ての株がただ1本だけ手折られていたのだ。

こちらはヤマブキショウマ。
トリアシショウマと比べると
若干食味は劣る

トリアシショウマ
（三叉に分かれた先端が鳥の足を思わせるところから）

カタクリ

ゼンマイ。その綿毛はテンカラ（和式毛バリ）の胴の素材に重宝されてきた

ネマガリダケ（和名チシマザサ）
は東北や雪国で特に人気の山
菜の一つ。
左は皮をむいた状態

ピクニック気分で友人たちと山菜採りもいい

今まで、さまざまな場所で株が丸ごと刈られた跡を見ては嘆息してきた。しかしこの時出たのは、敬意のこもったため息だった。コゴミ採りを経験した人なら、ただ1本のみを摘んで回るその大変さを理解できるだろう。人間は欲深く横着なものだからだ。

誰かがこの空間を、我が子を愛おしむように大切に守っているのだと僕には理解できた。とても手を出す気になれず、ふたたび渓流釣りへと歩み出した。

今もその場所にコゴミは生えている。10年前のあの日と変わらぬ、太く素晴らしいコゴミたちだ。1本だけ手折られているのも相変わらず。お会いしたこともない老爺が元気にコゴミを摘んでいる姿が脳裏に浮かび、その度に僕はなんだか少しうれしい気持ちになる。

ミヤマイラクサ。東北ではアイコと呼ぶ

ヤマフジの花。渓流釣りではこの花が咲く頃がシーズン最盛期の目安とされる

ヨブスマソウ

山のアスパラガスとも称されるシオデ

マタタビの新芽

ハンゴソウ

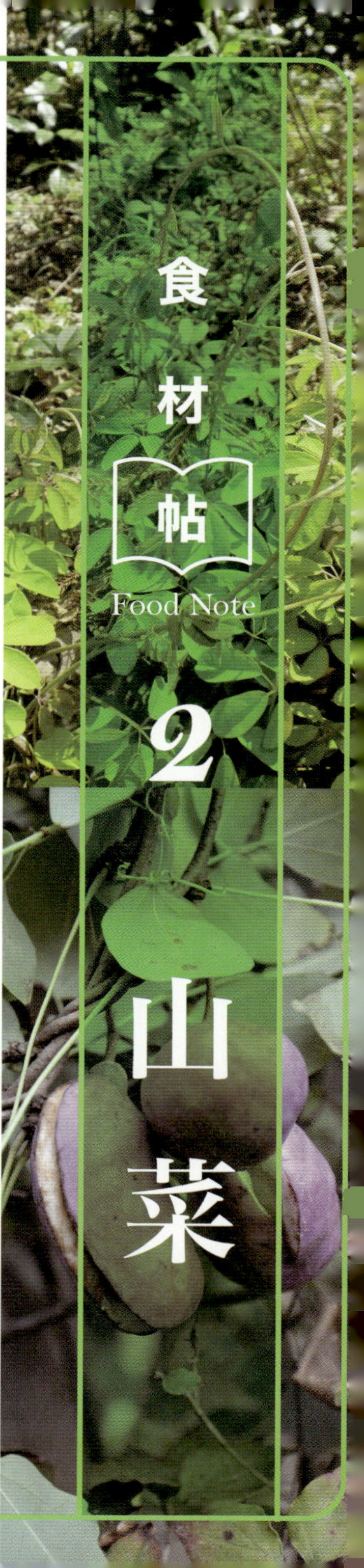

食材帖 Food Note 2 山菜

アケビ

アケビは全国各地に自生する蔓性の植物。五葉（写真右上）と三葉のものがあり、『ともん』が使うのは主に山地で見かける食味に優れたミツバアケビ。春の新芽と秋の果実を食用とする。新芽は先端から20㎝ほどの、指に軽く力を入れるとすんなり折れる箇所を目安に摘む。なんともいえない苦味がおひたしや和え物に向く。東北地方ではこの新芽を、木の芽（キノメ・コノメ）と呼んで珍重し、春の木の芽狩りは一つの風物詩だ。

「春の料理には苦味を盛れ」という格言が和食の世界には存在する。単調になりがちな冬場の食事で眠った舌を、山菜等の苦味で目覚めさせよという意味だ。豪雪地帯に住む人々は、そんな格言など知らずとも自然に身に付いているのだろう。苦味が弱い方には「アケビの巣籠《すご》もり」がオススメ。茹でた芽を5㎝ほどに切り揃え、器に鳥の巣のように盛りつける。中央の凹みにウズラの卵を落とし、醤油を数滴。見た目も可愛らしい一品だ。

9月になるとアケビの果実（写真右下）は熟して割れ出す。「開け実」が転じてアケビになったとも聞く。果肉の甘さを堪能してもよいが、酒肴で活躍するのは皮だ。果肉を種ごと取り除き、皮は薄くスライスして天ぷらに。また味噌、キノコ、挽き肉等を皮に詰めて楊枝で口を閉じ、フライパンで焼けばアケビの肉詰めの完成だ。皮をホワイトリカーに漬け込んだアケビ酒も野趣あふれる逸品となる。

ミツバアケビの新芽、通称キノメ（コノメ）

アザミ

とげとげしい葉が特徴のアザミは、北海道を除く日本全国の山野に見られるキク科アザミ属の総称だ。日本だけでもおよそ100種が存在するといわれ、アザミの仲間は代表的なノアザミのみが春咲きで5月頃から紅紫色の花をつける。

アザミが食べられると聞くと驚かれる方も多いと思うが、実は非常に美味な食材だ。『ともん』で用いるのは主に東北地方日本海側の渓流沿いで見かけるサワアザミ。成長すると茎の高さが2m近くにもなる大型種だが、雪消えの中、萌え出たばかりの新芽は非常に柔らかで天ぷらや汁の実として重宝する。少し丈の伸びたものは硬い外側の葉を除き、中心の柔らかな部分のみを使用する。採取時にナイフ、軍手は必須だ。

山間部の森林に生えるモリアザミの根は、味噌漬けにしたものを山ゴボウ（菊ゴボウ）と呼び珍重するが、ノアザミの太いものでも代用は可能。粕漬けやキンピラにしても美味だ。根を採取するタイミングは葉の枯れた晩秋以降が望ましいだろう。

上は普通のサワアザミ。左は時折見かける色違いで、僕の父などはこちらのほうが美味いという

ウワバミソウ（ミズ）

ウワバミ、といっても呑ん兵衛のことではない。大蛇が潜んでいそうなイメージの、薄暗くじめじめとした場所を好んで生えることからこの名が付いたといわれる。東北地方ではミズ（ミズナ）の名称のほうが一般的で、根元が青いものを青ミズ、赤いものを赤ミズと呼んで区別する。

ミズが真価を発揮するのは、ほかの山菜が盛期を過ぎた晩春以降だ。特に食材が乏しくなる盛夏でも沢筋のミズはとても柔らかく、渓泊まりの宴には大活躍する。茎は皮を薄く剥き、そのまま汁に加えても、軽く塩をして浅漬けにしてもよし。根元をよく叩いてトロロ状にしたミズとろろは、軽く醤油を垂らして頂けば鮮烈な香りが楽しめる。またミズとイワナの切り身を合わせて叩き、味噌と酒を加えたナメロウは酒の肴にもってこいだ。

晩夏から秋にかけて、赤ミズの葉の付け根に出来る小豆色の玉、俗にミズ玉と称するムカゴもこれまた美味。主に塩漬けやピクルスにすれば保存も利いてしばらく楽しめる。

収穫したミズ（上）。根元が赤いものを赤ミズと呼ぶ

ミズのムカゴ

オオバギボウシ（ウルイ）

つぼみが和橋（日本古来の木製の橋）の欄干を飾る擬宝珠《ぎぼし》を思わせることから、オオバギボウシ。春先のまだ丸まった状態の若葉をウルイと呼び、食用にする。渓に面した崖や泥壁に張り付くように自生するが、なかでも常に清水の滴り落ちる岩場のものは極上品。渓流釣りの合間にそんなウルイを見かけると、僕はサオを置き時間の経つのも忘れて採取に勤しんでしまう。根元付近から切り取るためナイフがあると便利。切り口から流れ出る透明な粘液は天然ものに特有のヌメりだ。ウルイは濡れ新聞などに包み持ち帰るとよいだろう。

ウルイの持ち味は、やはりキュッキュッという歯触り。サッと茹でたものをおひたしにしてもよし、汁に加えてもよし。なんともいえぬ食感の心地よさに目を細めてしまうこと請け合いだ。浅漬けにしても美味。なお新芽の頃のウルイは毒草のバイケイソウ、コバイケイソウに似ているためご注意を。

採取時は根元付近からナイフで切り取るとよい

ウルイは常に水が滴り落ちるような泥壁を好む

クサソテツ(コゴミ)

和名（クサソテツ）に馴染みがない方も、コゴミと聞けばどうだろうか。その名の由来は、くるくると葉を巻き込んだ新芽の姿が背を丸め屈んだように見えるから。アクが少なく軽く湯がいただけで利用出来るため、非常に人気の高い山菜だ。しかし旬はごくわずかで2、3日のうちには背を伸ばし食べ頃を失ってしまう。里では桜の開花を採取の目安にするとタイミングが合うだろう。

コゴミは各地の山野、主に日当たりのよい川沿い等に見られるが、やはり雪国のものは別格だ。雪が土地を豊かにするのか、太さといいヌメリといい、暖かい地方のものとは比べものにならない。故に『ともん』では3月は地のものを用いるが、4月も半ばを過ぎると東北地方に遠征する。採取時のマナーとして、ナイフで株を丸ごとは慎みたい。コゴミのように数本が集まり一株として成長する種は、根こそぎにしてしまうと株がやせたり、絶えてしまったりするからだ。株の外側から採り頃のものだけを数本手折り、後は残す。こうすることで翌年もまた同様の太くて立派なコゴミに出会えるだろう。

アクが少ないコゴミは生のものを天ぷらにしたり、軽く湯がいておひたしや和え物、汁の実によい。同一環境に生える小豆色が特徴のアブラコゴミ（和名・キヨタキシダ）も同様の調理法で味わえる。コゴミと比べると幾分線が細いが、土地によってはコゴミ以上に好まれる。

「コゴミ」の名称は新芽のこの姿から

こちらはアブラコゴミ

コシアブラ

昨今ではタラノメと並ぶ人気のコシアブラはウコギ科の落葉高木。主に春の新芽を食用とし、独特のコクと風味が特徴。コシアブラの木は非常にしなやかなので、背がまだ低いうちは手元にたぐり寄せて芽を摘む。しかし採取時には互い違いになるように芽を残し、決して丸裸にしないことを心掛けたい。

樹高は時に10mにも達するが、豪雪地帯では残雪が踏み台となって思わぬ大量収穫に与《あずか》ることも。しかしそんな幸運は希で、多くの場合はただ見上げるだけで終わる。だがそれでいい。コシアブラは1本の大木を中心に周囲にいくつもの若木（子株）を持つ。最近ではこの中心木が根元から切り倒され、無残に転がる姿を見かけることがある。まったくもって言語道断の所業だ。

コシアブラを頂くには、何よりもまず天ぷらで上品なコクを堪能してほしい。和え物のほか、刻んで炒めたものを御飯と混ぜ合わせるコシアブラ御飯もオススメだ。

成長するとこんな大木になる

タラノメと並んで人気の高いコシアブラ

タラノメ

日当たりのよい斜面を好み、切り開いたばかりの林道脇などに、いの一番に生えるのがタラノキだ。ウコギ科の落葉低木で、山菜として知られるタラノメは文字どおりタラノキの新芽のこと。見分けやすさと味のよさから山菜界の王様として不動の地位を得ている。

ただ反面、人気があるのも考えもので、今や関東圏のタラノキはどこもかしこも丸裸。本来なら先端の一番芽（頂芽）のみを摘み、二番芽（側芽）以降は残すのが木を枯らさぬためのルールなのだが……。時にお隣のウルシまで乱獲の憂き目にあっているのを見ると言葉もない。ちなみにウルシを食べると、人によってはかゆみや蕁麻疹《じんましん》などの諸症状に襲われる。まず手を出さないほうが身のためだ。

タラノメの採取時に軍手は必需品だが、よくよく見ると樹皮を覆うトゲとトゲの間には、年ごとの成長によって生じた隙間がある。そこを支えに持ち、芽を摘むとよい。まだ丸みを帯びたものが極上で、天ぷらで頂けば絶品だ。また多少耄《ほう》けた（伸びた）ものでも、胡麻和えや油炒めなどにすれば充分使える。タラノメによく似たハリギリも同様に利用でき、やはり非常に美味だ。

採り頃のタラノメ

多少伸びたものは胡麻和えや油炒め用に

採取時は先端の一番芽のみを摘むようにしたい。
軍手は必須だ

タラノメによく似たハリギリ。一番芽はすでに採られていた

これは採取するにはまだ早い状態

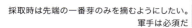

フキ・フキノトウ

田畑の畦や河川敷などによく生えるフキは、古来より日本で愛されてきたキク科の多年草だ。長く伸びた葉柄《ようへい》や、フキノトウ（若い花茎《かけい》）を主に食す。

フキノトウは日向より日陰、里より山、暖かな地方より寒い地方のもののほうがアクが少ないように思う。雪消えの中から顔を覗かせたばかりのものは、これが本当にフキノトウかと驚くほど苦味が弱く、そのまま生でかじることが出来るくらいだ。天ぷらにすれば箸が止まらない一品に。生のものをざっくりと刻み、味噌汁に浮かべても鮮烈な香りが楽しめる。また大きく成長して花を開かせたフキノトウは、茹でてからしばし流水にさらしアクを抜いた後、よく刻んで酒と味噌を合わせ、じっくりと火を入れ練り上げてフキノトウ味噌にするとよい。

フキは沢沿いの日陰に生えた、太く柔らかなものを選んで摘む。早春のまだ若く丈が短いものは、フキ自体の甘みを活かし、葉ごと切り揃えて薄味の含め煮に。初夏を迎えて長く伸びたフキは葉を切り落とし、柄の部分だけにしてから皮を剥く。しばし水に漬けてアクを弱めた後、甘辛く強めの味で煮付けてキャラブキにするとよいだろう。

早春の頃のフキ

伸びたフキノトウは、ばっけ味噌にするとよい

雪の隙間から萌え出たばかりのフキノトウ

全体で一つの花のように見える見事な群生

モミジガサ（シドケ）

モミジを思わせる葉と、若芽の頃はその葉を傘のように折りたたんでいるようすからこの名が付いた。特有のほろ苦さとシャッキリとした歯触りが醍醐味だ。東北地方ではシドケの別名で知られ、特に秋田では非常に人気のある山菜。また中部地方のヒカゲナ、ヒカゲッパの呼び名にその植生が見て取れるだろう。

モミジガサは沢伝いの湿り気を伴う斜面、木陰などに群生する。日当たりのよすぎる場所に生えたものは軸がすぐに硬くなるので食用には不向き。若芽は根際から採取し、成長したものは先端の柔らかな部分だけを摘む。

独特の苦味と歯応えを存分に味わうにはおひたしで。軽く醤油を垂らし、マヨネーズを添えてもよい。また香りや苦味が気になる方は天ぷらにすると食べやすい。モミジガサによく似たヤブレガサも食用となるが、食味は段違いでモミジガサが上だ。

若芽の葉はまさに「モミジの傘」を思わせる

湿り気を伴う斜面や木陰などに群生が見られる

ヤマウド

「山に・独りで・活きる」と書いて山独活。奥山の透き通るような渓流沿い、その斜面に佇む姿を見ると、当て字の意味がよく分かる。崖下などの柔らかな土砂が堆積した場所を探すと、茎の真っ白な、地中部分が非常に太くて長い良質のものに出会える。ましてそれが残雪の隙間から顔を出したヤマウドともなれば、春の香を丸ごと閉じ込めたような極上品。軽く皮を剥き、そのまかじり付けばほのかな甘みが漂う。一方、日当たりのよい平地のものは生育が早い反面、線が細く、ゴワゴワとした硬いものが多いようだ。

前述のような地中部分の長いヤマウドを採る時には、小さなスコップや移植ゴテがあると便利だ。しかし欲張って根を傷つけてしまわないようにご注意を。そのまますばり「ウド掘り」という道具もある。こちらはただヤマウドを掘り起こすだけではなく、取っ掛かりのない斜面を登る

手前の真っ白なウドが最上級品

ヤマウドは非常に人気の高い山菜の一つ。剥いた皮から柔らかな葉先まで利用できる部位も多い

時の足場作りとしても重宝する。

ヤマウドは生食のほか、酢味噌和えなどに。採取してしばらく経ったものは苦味が強まるが、皮を剥き、数滴の酢を落とした水に漬けると変色せずアク抜きにもなる。剥いた皮はキンピラにすると美味。また柔らかな葉先は天ぷらにと、非常に使い勝手のよい山菜だ。

柔らかな土砂が堆積した崖下のウドは太く白い

ヤマウドを採取するには写真のようなウド掘りがあると便利だ

ヤマブドウ

山地の斜面や川岸に自生するブドウ科のつる性落葉低木樹。秋に熟す黒紫色の実や、籠細工などに用いられるツルが広く知られる反面、山菜としての知名度は低い。ところが春から初夏にかけての新芽が実は美味なのだ。芽は縁がピンク色を帯びたまだ柔らかなものだけを選んで摘む。天ぷらにすればほのかな酸味が口内に広がり後を引く。イタドリの酸っぱさともまた異なる、まさに唯一無二の味わいで『ともん』のお客様にもファンが多い。

秋のキノコ狩りと採り時を同じくするヤマブドウの実は、厳しい山歩きで疲れた身体を癒やすのにうってつけ。しかしヤマブドウは山の獣たちの大好物でもあるために、採取時は常に周りに気を配ること。以前、奥多摩の某山中で夢中になって摘んでいたところ、わずか10mほど先に子供のツキノワグマがいて息を呑んだ経験アリ。以来その採取場所には近寄らないようにしている。

ヤマブドウの実がたくさん採れた時は、ジャムやジュースにするとよいだろう。酸味の利いたすっきりとした甘さが実によい。また、最近では果実酒を自作する方が増えており、「ぜひこのヤマブドウでも……」と考える人がいるかもしれない。しかしヤマブドウは「ブドウ類」と見なされるために、これを利用した果実酒やリキュールは酒税法違反となる。目的が自家消費であっても厳しい罰則が待っているのでご注意されたし。

秋の実はジャムやジュースにするとよい

春の新芽

ワラビ

日当たりのよい河原の土手や、雪国では休耕田などにも立ち並ぶように生えるワラビ。シダ類の仲間で根茎からとれるデンプンはワラビ粉の原料となる。主に山菜として用いるのは、春から初夏のまだ先端が開いていない若葉。採取のコツは茎を指で根元から軽くしごき、ポキッと抵抗なく折れるところで摘むこと。このようにして地下茎を痛めなければ、ワラビは次から次へと生えてくる。同一環境でひと月くらいは続けて摘めるはずだ。

採取したワラビは翌日には早くも根元から硬くなりつつある。「山のモノは一日一寸山に帰る」という言葉があるように、山の幸は鮮度が命。大切に採取したものだからこそ帰宅後はなるべく早く処理したい。

ワラビのアク抜きには灰（重曹でも可）を用いる。まず大きめのボウルなどにワラビを入れて満遍なく灰をまぶし、ひたひたになるまで70〜80℃のお湯を注ぐ。ラップやアルミホイルで落としぶたをしておよそ一晩。その後は流水で灰を洗い流し、きれいな水とともにプラスチック容器などに入れて冷蔵庫へ。こまめに水を替えれば数日は保つ。

アク抜きをしたワラビはおひたしや和え物に。また板昆布を敷いたふた付き容器にワラビを並べ、醤油と少々の酒を加えて2、3日漬け込む醤油漬けも美味だ。

写真のように先端がまだ開いていないものを摘む

夏

ある日は灼熱の太陽を背にアユを追い、
またある日は滝を越え冷水の淵を泳ぎ
岩壁を伝って未だ見ぬ源流へと挑む。
『ともん』の夏は常に魚たちと共にある。
またこの季節、忘れてはならない

もう一つの楽しみが野営だ。
独りで過ごす源流の夜は、
遠くに響く鹿の鳴き声と渓のせせらぎを肴に。
友と過ごすキャンプ場の夜は、
尽きぬ語らいと笑い声を肴に。

Summer

アユ投網漁

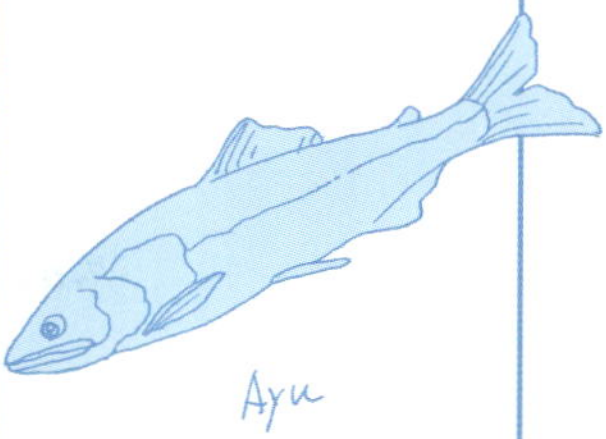

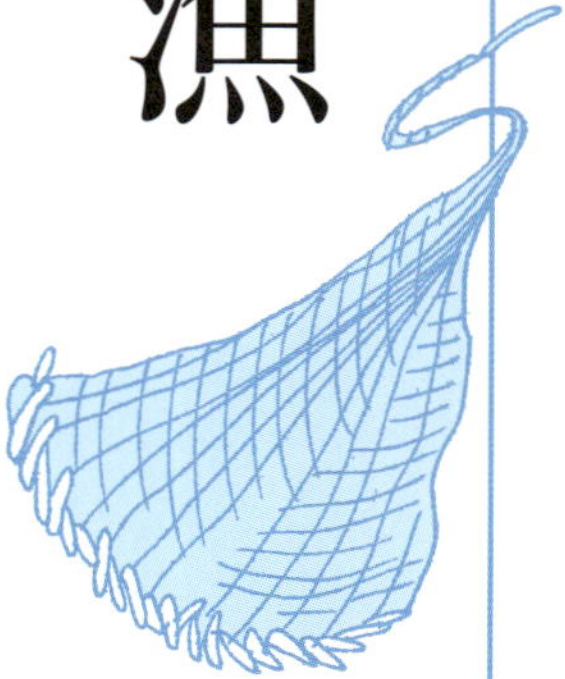

6月、清流の香魚ことアユの友釣りが全国各地で解禁し始め、太公望たちは釣果を競い合う。『ともん』でもアユを心待ちにしているお客様は非常に多い。しかし塩漬け用のフキ採りや盛期を迎えた渓流釣りで毎日大忙しの中、なかなかアユまでは手が回らない。そこでこの時期のアユに関しては、当店の誇る友釣り名手T氏にお願いしている。おかげで各地の良アユを提供出来ている次第だ。

『ともん』親子が本格的にアユに挑むのは、友釣りからお

川岸のヨモギなどをすりつぶし、水中眼鏡の内側に塗りつけると曇り止めになる

『ともん』投網漁の舞台となる高麗川は、中流域の曼珠沙華の群生地が有名

狭い場所での網打ちには周囲の状況に合わせて網の形を自在に変化させる技術が必要とされる

よそ2ヵ月遅れて解禁する盛夏の投網漁から。主な舞台は埼玉県西部を流れる高麗川上流域。平野部の中流域には曼珠沙華の群生地・巾着田《きんちゃくだ》があることで一般の方にもよく知られているが、上流域はイワナやヤマメも生息する渓流相だ。ここで育まれたアユは、きれいなコケを食むことで鮮烈な香りを身にまとう。

投網漁が解禁してしばらくの8月早朝、僕は父と川縁に立っていた。照りつける日差しは激しく、水面を白く光らせている。気温はすでに35℃を超え、40℃に迫る勢いだ。沢登り用品で臨んだ僕とは対照的に、父は全身黒塗りのウエットスーツ姿。唯一むき出しの顔には滝のような汗をかいている。その出で立ちをさらに詳しく書くと、額には今時珍しい一枚ガラスの丸型水中眼鏡、腰には魚籠（口元

投網で捕まえたアユは活
かしたまま持ち帰る

投網打ちの実際

❶投網を折り畳んで担ぐ

❷抜き足差し足でポイントに近づく

に開閉可能なネットを取り付けてある）を下げ、ウエットスーツと背中の間には握りの短い1本のヤスが差し込まれている。僕は腰魚籠の代わりに活かし魚籠を引いて歩く。

父は岸辺に生えたヨモギの葉を数枚摘むと平らな石で磨り潰し、緑色の汁を水中眼鏡の内側に塗った。ヨモギの汁は簡易の曇り止めになるからだ。

さあ、準備は万端だ。しかし父はいかにも投網を打ちやすそうなポイントには見向きもせず、川を遡行していく。投網漁解禁から数日間はうぶなアユばかりだが、今生き残っているのは投網の脅威を肌で知った猛者。彼らは狙われやすい広く開けたポイントを避け、新たな安住の地に移動している。それはたとえば草が覆い被さる川岸付近であったり、大岩が折り重なる小さな天然の要塞のような場所だ。

❸投網を放つ

❹ねらい通り対岸ぎりぎりに着水

このようなポイントを投網で狙い撃ちにするためには、TVなどで目にする丸く美しく広げる打ち方ではなく、自在に網の形を変化させる技量が求められる。

ここぞという場所に至ると、父は流れるような動作で網を打った。手から放たれた投網は大岩を避け、川岸に生えた草ぎりぎりに着水した。同時に父は水中へと飛び込む。ひと呼吸遅れて僕も潜ると、すでに父の手にはアユが握られていた。そのアユを網にくるやいなや、キラリと光った反対側を押さえにかかる。もう1尾。さらにもう1尾。追われたアユが戸惑うほどの俊敏さは河童のようだ。渓流では着水後の投網は複雑な水流を受けて見る間に流されていく。そのため、網が浮く前に右往左往するアユを自ら手で押さえるという動作が必要になる。父

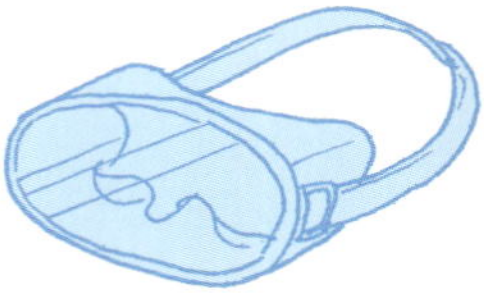

❺間髪入れず本人も飛び込む！

❻潜ったら水中でアユを押さえにかかる

の全身ウエットスーツ姿の理由がお分かり頂けただろう。盛夏でも温泉施設の水風呂とさして変わりない水温の中、薄着で小半日も浸かっていては低体温症になりかねない。

そんな苦労をしてまで投網漁を行なう理由は、網打ちの技量次第ではアユをほとんど傷めることなく、活かした状態でのキープが可能なこと。活けアユは『ともん』の水槽に泳がせておき、定番の塩焼き、小ぶりなものは背ごし、良型は活け造りやナメロウにしてお出ししている。

それにしても水中でアユの行動を見ていて思うのは、遊泳能力の高さと頭のよさだ。中にはオモリが底を離れる一瞬を見逃すまいと、網のわずか手前でホバリングでもするかのように留まり、隙を窺うやつまでいる。また、大淵などの深場は投網ではねらいにくい。網の着水から着底まで

❽満足のいく結果に思わずポーズが出た父

❼数尾入った時は網にくくっていく

のタイムラグが大きくなればなるほどアユに有利となるからだ。そのようなポイントでは、背にしたヤスでアユを突く。父や当地の名人漁師の腕前はまさに神業だ。俊敏なアユの動きを先読みし、電光石火でヤスを放つ。しかも海で使うようなゴム紐付きではなく裸のヤスで行なうのだ。

網とヤスの二刀流が、連綿と続く高麗川の川漁師スタイル。僕も日々是精進也と思ってはいるのだけれど、まだ網打ちもヤス突きも百発百中にはほど遠い。いつか僕も河童になれるだろうか？　せめて冬の間、投網打ちの練習でもしておこうか。仕事が終わった後、ウエットスーツを着込み『ともん』の駐車場で……背にヤスは……差しておかないほうがいいだろうな、きっと。

今年もまた夏がやって来る。アユと僕の熱い夏が。

食材帖 Food Note 3 川の魚介

イワナ・ヤマメ・アマゴ

イワナは冷水を好み、深山幽谷の源流部にまで生息する。閉塞的な環境などから地域や河川で形態に差異があり、ニッコウイワナ、ヤマトイワナ、ゴギ、降海型のアメマス（エゾイワナ）などの亜種が知られる。「岩魚」と漢字を当てるように、水底の岩のえぐれなどを住処とする臆病な性質。しかしいざ採餌行動に移れば「水鳥やヘビをも食らう」と言われるほどに貪欲だ。

天然野生のその肉質は、淡白ながら、かみしめるほどに滋

日本の淡水魚で最上流部に棲むイワナ

イワナは棲む場所などによって体色に幅が見られる。これはニッコウイワナの一例

味があふれる。料理は塩焼きのほか、燻製などがオススメ。また、余分な脂のない天然イワナで作った骨酒は『ともん』の看板メニュー。遠方から楽しみに見えるお客様も多い。

ヤマメは、パーマークと呼ばれる小判型の紋様が特徴だ。降海型のサクラマスは富山県の名産・マス寿司の原材料として知られる。アマゴはパーマークとともに体側に散りばめられた朱点がヤマメとの違いで、降海型をサツキマスと呼ぶ。主に中部地方を境に以西の瀬戸内海および太平洋側の河川がアマゴの分布となっている（※九州地方はヤマメが主）。

両者とも、イワナと比べると水温のやや高い里川でも適応出来るため生息環境は幅広く、本流域の大ヤマメ・大アマゴは釣り人に人気のターゲットだ。イワナよりも遊泳力があり採餌行動は積極的だが、一度ハリに掛け損ねるとしばらくエサを口にしないなど、神経質な面ももつ。それがまたヤマメ・アマゴ釣りの魅力といえるのかもしれない。適水温や摂餌環境の関係からか、イワナよりも非常に脂が乗っている。その身質を活かして唐揚げやホイル焼き、塩焼きがよい。

アマゴはヤマメと姿形が非常に似ている。
違いは体側に散りばめられた鮮やかな朱点

ヤマメは体側のパーマークと呼ばれる
小判模様がトレードマークだ

アユ

別名、香魚。スイカの香りと表現される甘い匂いが特徴のアユは、気品のある姿形から川魚の女王と讃えられる。晩秋、河川の中下流域で生まれ落ちた仔魚は流れの力を借りて川を下る。そして沿岸部で冬を過ごし、春とともに川を遡上し始める。目差すは中上流域の清冽な流れだ。やがて目当ての場所に辿り着いたアユは、川石に生えたコケを食み、成長とともに縄張りを持つようになる。この習性を利用したのがアユの友釣りだ。

コケを主食とする食性こそが、アユに摩訶不思議な香りと唯一無二の味わいをもたらしてくれる。それは養殖ものではなかなか得られない代物だ。しかし天然野生のアユが等しく美味かといえば、そうとも限らないのが難しいところ。安定した水量やきれいな水質はもちろんだが、主食のコケの状態や質が味を大きく左右する。そのため川によっては、立派なサイズでも野暮ったい脂と品のない香り(というよりは臭い)が鼻をつくことも。適度に出水があって石がきれいに洗われ、常に良質のコケが更新される環境が最高なのだが、出水があまりにも続いたり適度に日差しの照りがないと当然コケの生える間もなく、アユはやせ細ってしまう。

婚姻色の出始めた落ちアユ

ひと夏をかけて成熟したアユは秋雨を合図にふたたび川を下る。中下流域の瀬に群れとなり、産卵体勢に入るためだ。卵を産み、次代に命を繋げた親は力尽き、わずか1年でその生涯を終える。年魚と呼ばれる所以である。

塩焼きは基本にしてもっともアユの味わいを損なわない料理だ。また子持ちアユの煮浸し、開きを空っ風に当てて作った一夜干しもよい。一夜干しは、仕上げにウルカを醤油で溶いたものを一塗りしてから軽く焦がすようにすると絶品だ。

アユは石の表面に付着したコケを口で削ぎ取るようにして食べる。そのため写真のような「食み跡」が残る

胸ビレ付近の「追い星」と呼ばれる黄色斑がアユの特徴の一つ

アユといえば
まずは塩焼きで頂きたい

サワガニ

サワガニはその名のとおり、一生を清流で過ごす純淡水性のカニだ。成長しても3〜5㎝と愛らしいサイズで、『ともん』では主に春から秋にかけて採取する。赤い体色のものがよく知られているが、実は生息環境によって白や紫など変化に富む。僕がアマゴ釣りで訪れる伊豆半島では青いサワガニをよく見かけた。当地に住む友人曰く、「赤いサワガニのほうが珍しい」とのことで、非常に驚いた思い出がある。生態は夜行性で、昼間は川縁や水深のごく浅い場所の石裏にひそんでいる。そんな石を一枚一枚はいで直接手で捕まえるのだ。捕獲後はバケツに入れて生かしたまま持ち帰るが、サワガニ同士が傷つけ合うのを防ぐため、クッション代わりに川縁のシダ等を数枚入れておくとよい。

主な調理法は素揚げ。生で食すと肺臓ジストマの危険性があるので、しっかりと熱を通すことが肝要だ。目にも鮮やかな朱色になったサワガニは軽く塩を振り、お好みでレモンをひと絞り。熱々のうちに頬張るとポリポリとした食感がなんとも心地よい。『ともん』ではサワガニ・ドジョウ・川エビの唐揚げ3種盛りがお子様にも大人気のメニューだ。

成長しても3〜5㎝と愛らしいサイズ

伊豆半島の小沢では
青いサワガニをよく見る

『ともん流』渓《たに》メシのすすめ

夏の源流釣りは渓泊まり（野営）が楽しい。どんなスタイルで、どう過ごすかは自分次第。その際、とても重要になってくるのが食事をどうするかだ。

源流釣行の基本は荷を極力減らすこと。これが出来るかどうかで体力消耗が段違いであり、ひいては釣果にもつながると思う。しかし渓泊まりの夜、瀬音と鳥の鳴き声だけが響く最高のロケーションで食事が即席ラーメンでは味気ない。折角の野営、渓メシも豊かにしたいと願うのは当然だ。そこでまずは最低限必要なものを書いてみよう。

①調理用具……ナイフか包丁、まな板、鍋とフライパン（耐熱コッフェルでも代用可）

②調味料……塩、砂糖、醤油、味噌、酒（すべて小分けにしておくと便利）

③着火器具……ライターやマッチ等（着火に不慣れな場合は着火剤を持参してもよい）

④米……（無洗米でもよい。分量を量り、フリーザーバッグなどに入れておく）

⑤携行食・非常食……（ないと万が一の時生死が分かれる。高カロリーで保存の利くものを）

以上である。食材？　どうせなら現地調達してみたらどうだろうか。とはいえ、春秋なら山菜やキノコに事欠かないはずだが、源流釣行の最盛期である真夏はなかなか厳しいものがある。夏場の沢伝いで確実に手に入る山菜といえば、フキとミズ（ウワバミソウ）だろうか。どちらも群生しているため大量収穫が可能で、アクも比較的少なく用途の広い山菜だ。これが豪雪地帯の谷間で、夏場でも雪渓が残るような場所なら食材の種類は一気に華やかになる。雪渓の周囲は天然の冷蔵庫状態で春の恵みを閉じ込めてくれているからだ。たとえばヤマウド、ウルイ（オオバギボウシ）、シドケ（モミジガサ）、アザミの仲間、ヨブスマソウ、アイコ（ミヤマイラクサ）、トリアシショウマやヤマブキショウマ等々。これらはすべて僕が7月後半〜8月の間に採取したことのある山菜たちだ。

さて、野営地について最初にすべきは火を熾すこと。調理に使う火は、猛々しく燃え上がる炎ではなく、熾火になったものだ。熾火が出来るまでしばらく時間があるので、その間に食材の下ごしらえを済ませておく。

肝心の調理だが、まずは「焼き」「天ぷら」「炒め物」を基本として、料理のレパートリーを増やすとよい。塩焼きなら次はイワナやヤマメにフキ味噌を付けて焼く、煙で燻しあげて燻製にする、あるいは開きにしたものをしばらく風に当てて一夜干にしてみたり。焼き枯らしに熱燗を注いだ骨酒なども「焼き」料理の一種といえる。すっかり冷めて手が伸びなくなった天ぷらも無駄にはならない。甘辛いツユに浸けて熱々の御飯に乗せれば即席天丼の出来上がりだ。山菜やキノコを炒めるだけではなく、魚のモツ炒めもなかなかオツな味だし、前夜残った御飯があればあらゆる食材とともにチャーハンにしてもよい。

川魚の生食に抵抗がある方はナメロウがオススメだ。道中にこぼれワサビ（上流のワサビ田から種がこぼれ落ちてきて野生化したもの）があればしめたものだが、持ち込んだ根ショウガ・ニンニク等でも代用可能。薬味と味噌と切り身を合わせてよく叩けば、酒が止まらぬ逸品になるだろう。また盛りつけは平らな石や笹・朴の葉を皿代わりにすると便利だ。

最後に焚き火（直火）を伴う野営で肝心なことを。

①許可区か否か　日本の山野はほとんどが自然公園（国立・国定・都道府県単位での指定と種類が分かれる）に指定されている。そして自然公園内では焚き火（直火）を禁止行為としている場合が多い。各都道府県HPなどで自然公園の範囲と区域内の禁止行為を確認してから旅立とう。

②自然環境への配慮　たとえ許可されている土地でも、万が一にも周囲への延焼等がないように細心の配慮を。使った炭は必ず燃え尽きるのを見届けてから野営地を後にしよう。来た時よりも美しくの精神で、自分の物でなくても目に付いたゴミなどは拾って帰るのがベストだ。

③日没前に準備を終える　焚き火や料理の準備は明るいうちに終わらせておくのが鉄則だ。暗くなってからでは思わぬトラブルに見舞われることがある。余裕のある行動を常に心掛けたい。

イワナ料理のバリエーション

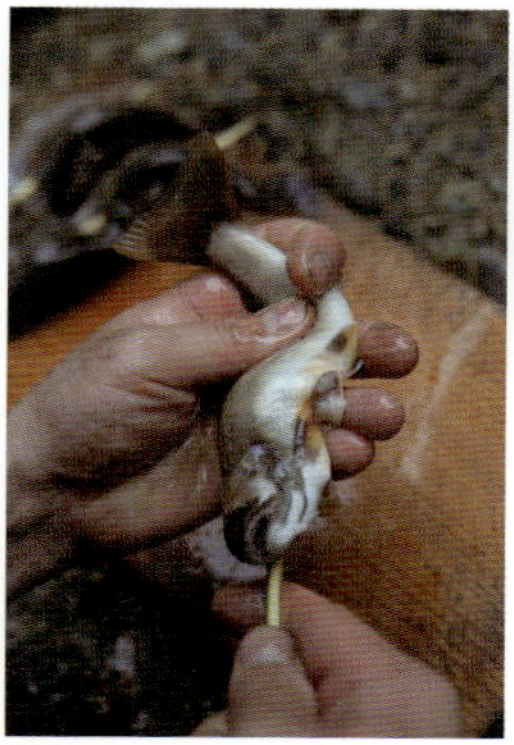

材料：イワナ、塩

塩焼き

イワナは内蔵を取り除き、表面のヌメリを落とし、
泳がせるように串打ちに。
塩はヒレを開くようにしてすり込み、
胴体にも少し振る。
夏の野営料理は心持ち強めの塩味のほうが元気が出る。
焼く時には熾火でじっくりと火を通すこと。
また締めたての魚は身が裂けるので注意。

材料:イワナ、フキ、ミズ、ショウガ、
ニンニク、味噌３種、酒

ナメロウ

皮をはいで３枚におろしたイワナの身とフキ、ミズ、ショウガ、ニンニクを合わせて包丁で
細かく叩く。さらに味噌（できれば数種を合わせる）、少量の酒を加えて味を調える。

材料：イワナの焼き枯らし、酒、塩

骨酒

軽く塩を振ったイワナを焚火にかける。
焦がさないようにじっくりと時間をかけて水分を飛ばすのがミソ。
器に焼き上がったイワナを乗せ、沸騰させた酒をかけ回す。

材料：イワナの胃袋、塩、胡椒、醤油

モツ炒め

下処理で出たモツ（胃袋）に切れ込みを入れて裏返し、胃内容物をしっかりと洗い流す。よく熱したフライパンで炒める。とにかくしっかりと火を通すこと。塩、胡椒、醤油で味を調えれば完成。コリコリとした食感が絶品だ。

材料:イワナ、ベーコン、山菜、塩、胡椒、醤油

ベーコンと山菜炒め

焚火でよく熱したフライパン（コッフェルでも可）に油と切った山菜類を入れて炒め、さらにベーコンを加えて炒める。ベーコンに軽く焼き色が付き始めたら塩、胡椒、醤油で味を調える。なおここではフキ、ミズに加えてネマガリダケ（和名チシマザサ）とマスタケも利用。いずれも下処理として湯通ししたあと冷水で締めておく。

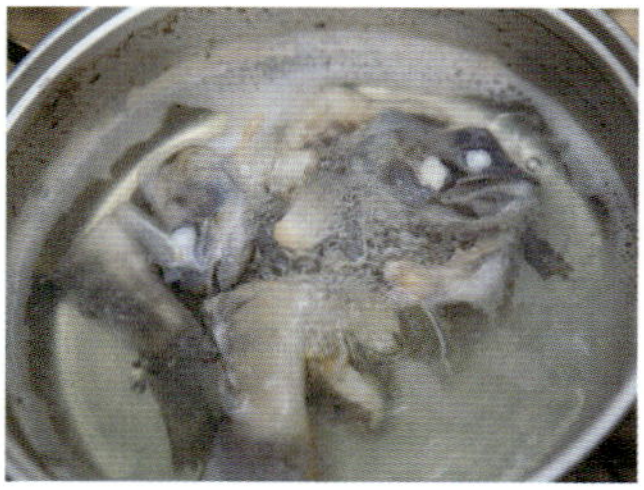

材料：イワナ、ミツバ、味噌、塩

イワナ汁

鍋に水と酒、下処理してぶつ切りにしたイワナを入れてじっくり火を通す。骨から身がはがれるくらいまで軟らかくなったら味噌と塩で味を調える。食べる直前にミツバを散らすと一層美味。

材料：餅きび、白米

餅きびご飯

白米に対して１～２割の分量の餅きびを加えて研ぐ。水には 30 分ほど浸しておく。
焚き火で炊く時は水分量は多めでかまわない。強火にかけ、
吹きこぼれ始めたら焦げ付かないように遠火に置き、さらに10 分ほどで火から外して
じっくりと蒸らす。

材料：イワナ、山菜各種
(写真はマスタケ、ネマガリダケ、
フキ、ヤマブドウ)、天ぷら粉

天ぷら

薄めにぶつ切りにしたイワナのほか、沢沿いで採取できた山菜等を用意。
衣は市販の天ぷら粉を清水に溶いて作る。
野外なので油の温度を下げないように食材を一気に入れすぎないこと。

材料：天ぷら、御飯、酒、醤油、塩、
砂糖

天丼

酒、醤油、塩、砂糖で作ったツユに天ぷらを
軽く浸け、器に盛ったご飯の上に乗せるだけ。
前夜の残りものを利用できる、渓泊まりの翌
朝鉄板メニューだ。

秋の『ともん』は大忙し。
渓流釣りは禁漁期を間近に控え、
たっぷりの卵を抱えた子持ちアユも今が盛り。
そして奥山へ目を向ければ、
マイタケを皮切りに色とりどりのキノコが呼んでいる。

秋

Autumn

東奔西走とはまさにこのことだ。
そんな山通いの最中、ふと、
ほのかに赤く色づいていく木々の美しさを知る。
空は高く青く澄んでいる。
秋の恵みを求めて、明日もまた奥山へと分け入る。

仕入れ日記

マイタケ初山

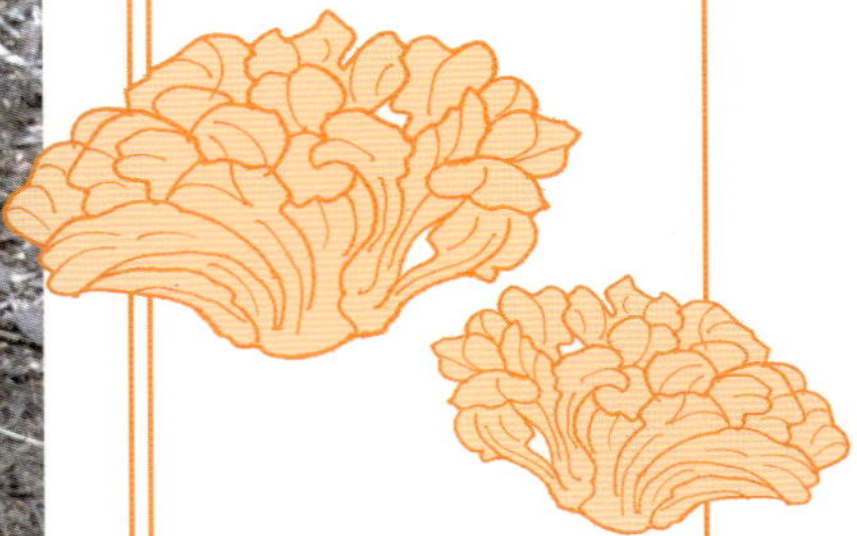

9月上旬、初物のマイタケを求めて山道を行く。昨今の9月は残暑というには暑すぎて、30℃はおろか35℃近くになる日も珍しくない。まして、背負ってきた籠は我が家の最大級、大人がすっぽり入ってしまうほどのサイズだ。

「これでも入りきらないほど採れちゃったらどうしよう?」

独りニヤニヤしながら額の汗をぬぐう。多くの場合、そんな心配は杞憂に終わるのだけれど。

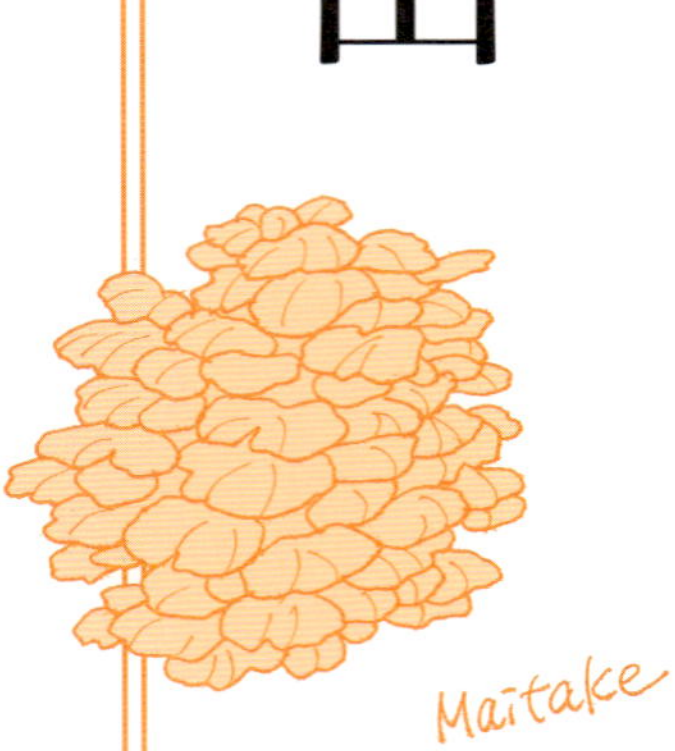

裏側もご覧のとおり

ミズナラの根元をぐるりと1周、計10kgなり

マイタケ採りは宝探しに似ている。ミズナラの巨木を目印に、「この木が駄目なら次はその木、その木が駄目なら次はあの木、あの木が駄目なら……」と延々山を巡る。本格的なキノコの時期にはまだ早く、道中気晴らしに摘むものなどごくわずかしかないために、ただ歩いた距離だけが増えていく。これがまだ平坦な林道歩きならばよいのだ。しかし林道沿いは誰もが歩く激戦区で、そんな環境でマイタケに出会えるのは前世で徳を積んだ人だけに違いない。

そうではないと知っている僕は尾根を歩き、渓を渡り、一度転がり落ちれば命はまずない急斜面でもへばり付く。ひたすら登って降りての繰り返しだ。渓流釣りで鍛えた足腰と自負しているが、川歩きと山歩きはまったく別物。特に身体がまだ山に慣れていない初山は厳しさも倍増、心臓は爆発し

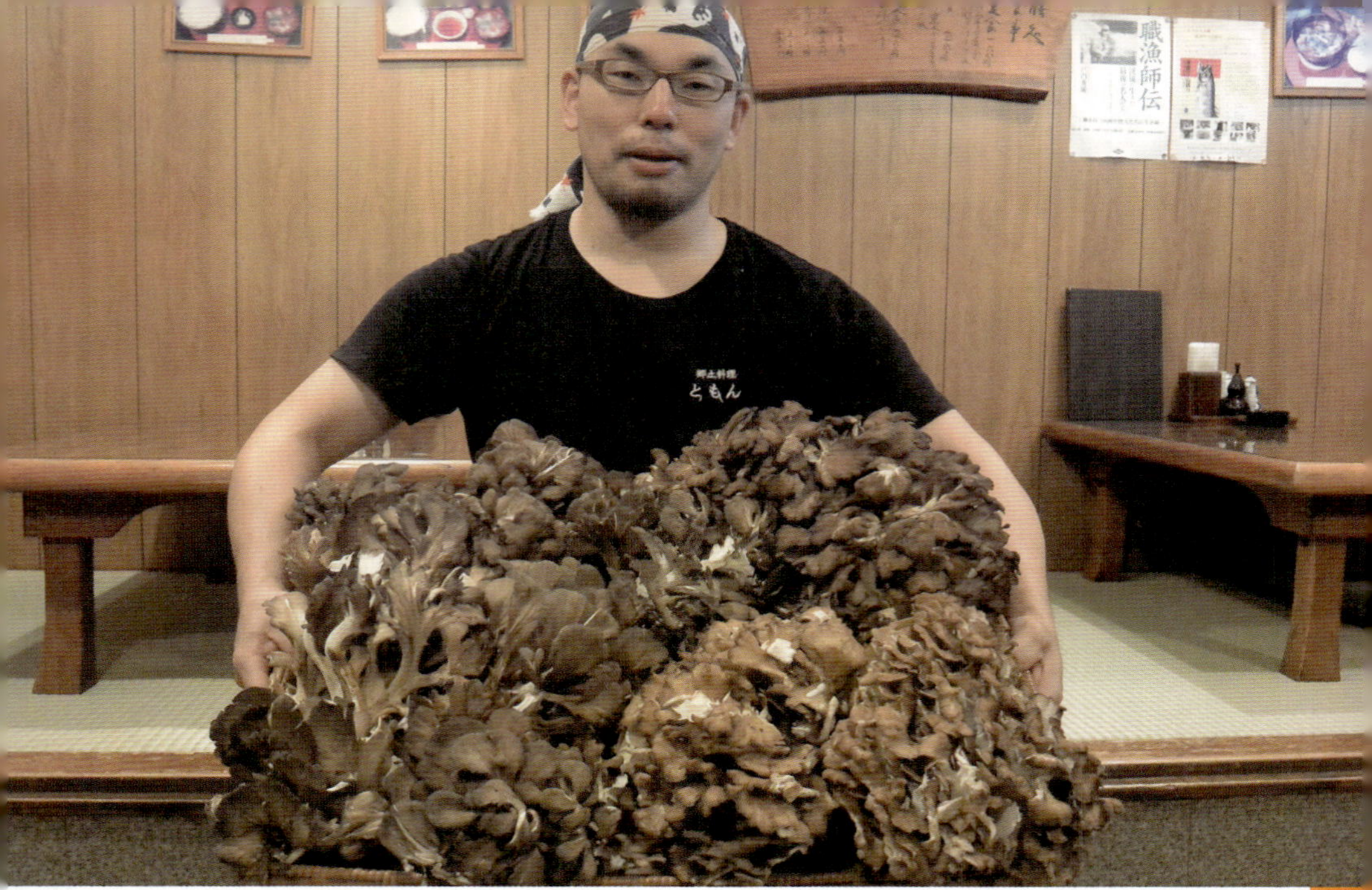

重い！

そうなほどに早鐘を打ち、膝はすでに笑いだしている。

過去に実績のある木々を中心に周囲を隅々まで丹念に探るが、気配はゼロ。「マメ」と呼ぶ発生したばかりの幼菌すら影も形もない。やはりまだ早かったのだろうか。昨年（2017）が不作どころか大凶作だったために、今年もそうなのではと不安に駆られ出す。空の背負籠の重みにうつむきながら帰路につく、そんな光景が脳裏をかすめた。

歩き出しからすでに6時間、蛇行しながらの道行きとはいえ、歩行距離は10km近い。度々口を付けるペットボトルのお茶の分だけ軽くなった籠。その大きさについ舌打ち……と、前方のミズナラの古木に違和感を覚えた。苔むしたその根元、緑に重なった茶色の物体。しかし、ここで駆け寄るなどは愚の骨頂だ。見間違いに幾度肩を落としたことか。はやる

見置きの実際

❶根元に発生し始めたマイタケ

❷５日後

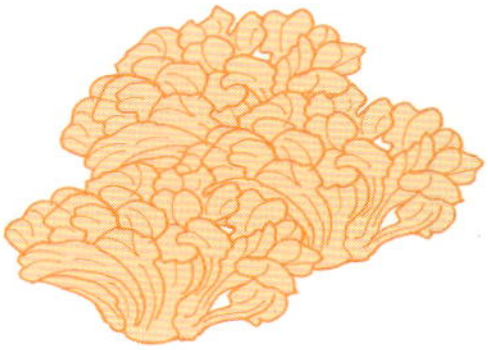

気持ちを抑えるように深呼吸をして、傍らの木に背負籠を預け今までのペースを崩すことなくゆっくりと近寄っていく。

マイタケ採りを苦行にたとえ、「他のキノコは採ってもマイタケだけは」と敬遠するキノコ採りも多い。しかしミズナラの根元にやつを見つけたこの瞬間、声にならぬ雄叫びと、思わず小躍りしてしまう心持ち。マイタケが「舞茸」と名付けられた理由を知る喜びを味わってしまうと、もう二度と忘れられない。

それは、樹齢２００〜３００年と思しきミズナラの古木の張り出した根に、絡むように佇むマイタケの大株だった。おそるおそる様子を窺う。周囲をぐるりと取り囲んだその群生は、総重量およそ10kg強。望外の大収穫であった。

マイタケ採りは宝探しに似ている。幾度外れても、幾度

❸発見から８日後、こんなに大きくなっていた。見置き成功！

あきらめそうになっても、この瞬間が味わいたくて僕はまた山に通ってしまうのだろう。来年も再来年も、その先もずっと。

【採取時のアドバイス】

さて、運よくマイタケに出会えた貴方。それが採り頃サイズならさっそく採取となるが、可能な限り形を崩さず持ち帰りたいもの。根元に両手を差し入れて、優しくゆっくりと前後に揺さぶりながら株を丸ごと切り離すとよい。翌年以降を考えて基部の菌糸をあまり傷めないことが重要だ。石突きは持ち帰っても食べられないので現場で丁寧に取り除く。採取箇所はきれいに修復して痕跡を残さないように。収穫したマイタケは、風呂敷や空気穴をあけたビニール袋に包んで籠の中へ。

一仕事終えた後は、収穫物を横目に余韻に浸り……たいのは山々だが、その場にどっかと腰を下ろすのは禁物だ。というのも、キノコが発生している環境は非常にデリケートなもの。周囲をむやみに歩き回ったり、息が吹き掛かるほど顔を近づけたりしてはその環境を壊しかねない。幼い頃から父にはキノコの側での「くしゃみ、トイレ、フラッシュを焚いての写真撮影」を禁じられている。とあるベテランの言を借りれば、

「キノコを直接見つめちゃ駄目だ。恥ずかしがっていじけてしまうから」

　とのこと。余韻に浸るのは少し離れた場所に移動してから、というのを推奨したい。

【見置きについて】

見つけたマイタケがまだ小ぶりで成長が期待できるなら、「見置き」をしてみたらどうだろう。一度見た獲物（ここではマイタケ）をすぐに採らず、置いてくるから見置きと言う。上手くいけば数日の間に予想を超えて大きくなっている。しかし、当然ながら誰かに先を越される可能性も忘れてはならない。リスクとリターンを天秤にかけるそのドキドキもまた面白さなのだろう。

　見置きが成功した興奮は偶然の発見に勝るとも劣らぬものであるし、失敗した場合の悔しさは言わずもがな。こうした経験を幾度となく繰り返し、いつか笑って流せるようになったら貴方も立派なマイタケ採りだ。ちなみに見置きを採られた夜はすぐには寝付けず、夢にまでマイタケが出てうなされる僕などは、まだまだ半人前である。

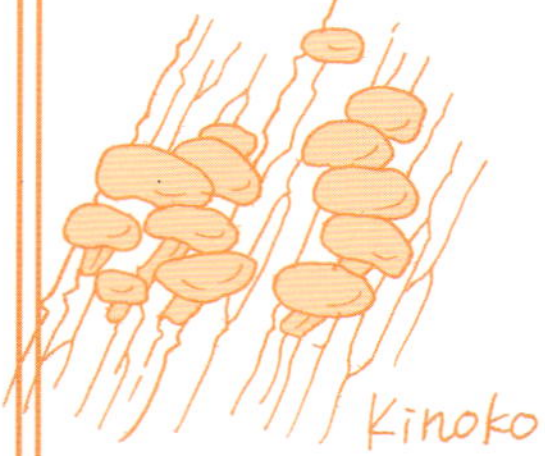

キノコ狩りラプソディー

望外の成果。満杯の籠を前に思わず苦笑する両親。
一番大きな真ん中の籠が僕のもの

キノコは、可食のものに限っても実はかなりの種が一年中どこかしらで発生している。もちろんこれは「スーパーの陳列棚に……」というオチではなく、自然界でのお話だ。たとえば春、梅林の下にはその名もずばりハルシメジが育ち、公園の銀杏の側ではアミガサタケが佇む。夏、遠目にも目立つ紅色のタマゴタケをしるべに茂みへと分け入れば、そこにはチチタケやヤマドリタケの仲間たちが、といっ

コウタケの山に笑いと興奮が止まらない

た具合に。

とはいえキノコがもっとも盛りの季節といえば、それはやはり秋だ。

マイタケ採りも佳境を過ぎた9月下旬、盛期を迎えつつある奥山へ向かった。例年であればしばしの林道歩きの後、ケモノ道あるいは道なき道へと進み、誰も立ち入らない秘密のポイントへと向かう。しかし今年（2018）は違った。マイタケが思わぬ豊作であったのでもしやとは思っていたが、案の定、林道沿いだけですでに背負籠はあふれんばかりである。その中身は、アミタケ、サクラシメジ、ウラベニホテイシメジ、ホウキタケ、そして当地ではツツイあるいはアシナガと呼ぶナラタケである。これほど大豊作の年はそう記憶にない。

P92写真中央の籠を背負うとこんな感じ

ヒラタケやムキタケ、シイタケと間違えて誤食されることが多い毒キノコといえばこのツキヨタケ。分かりやすい判別法は、裂いてみて軸に近い部分に黒い染みがあればツキヨタケだ

キノコの発生にはさまざまな要素が影響を与える。たとえばそれは夏の暑さであり、降水量であり、秋らしい気温の低下などだ。また昨年はありとあらゆるキノコが大凶作だったので、今年はもしやキャリーオーバー分が上乗せされたのでは？ なんて冗談も考えてみたり。しかし好条件が重なったからといって、必ず大発生するかというとそうは言い切れないのがキノコの難しいところだ。「女心と秋の空」とは言うけれど、最後に「キノコ」も加えてみたらと思う今日この頃である。

「しかしサクラシメジがこれだけ採れたんだから、もしかしてあの山のコウタケも出始めているかも」。帰路の車を走らせながら、僕はすでに翌日の旅路へと思いを馳せていた。

そして次の日。ふたたび奥山へやって来た僕の隣には師

高所のキノコ採りにはジョイント式の鎌を使う

キノコは一年中、さまざまな環境で発生している。アミガサタケは春のキノコ。これはヤマウドの根元に生えていた

である父と、そんな父に40年ほど振り回されてきた母も同行していた。歴戦の2人だが、すでにマイタケ狩りで身体が慣れた僕と違って今日が初山である。まして目当てはコウタケだ。コウタケは主に尾根筋の鞍部に発生するため、最初はひたすら急斜面を登り一気に高度を上げるというきつい行程が待っている。そこで2人にはゆっくりと登ってきてもらい、僕は能率も考えて別の斜面から先行し、最後に目当ての尾根に集合することにした。何かあったら携帯で連絡を取り合おうと言って別れた。普段、山中を行く時はバッテリー節約のため機内モードにしているのだが、この斜面は電波が思いのほか届くことを知っていたから。

しばし独りで断崖を行く。すると期待していなかったポイントに早くもコウタケが。遠目には落ち葉と同化し

現在は数種に分類されたナラタケ。奥多摩地方では主に「アシナガ」❶と「ツツイ」❷に呼び分けている。
川沿いの倒木など湿り気の多い環境にまばらに生えるアシナガ、稜線付近のコナラなど水場から離れた環境に束生するツツイ。
発生タイミングはアシナガのほうが幾分早く、食味はツツイのほうがはっきりと上だ

不用心に木のウロへ手を入れてはいけません

て目立たない色合いも、斜面の下から見上げると見つけやすい。ひとしきり採ってふたたび登り出すとまたある。コウタケは高級キノコである。こんな幸運が続いてよいのだろうか。夢中で採取し続ける間に背負籠はずしりと重くなっていた。

唐突に胸ポケットの携帯電話が鳴り出す。えてして幸運ばかりは続かない、もしや母が滑落でもしたのではと携帯を握る手が震えた。意を決し、耳に当てる。

「剛、お前今どの辺りだ?」

「○×らへんかな」

「こっち来いよ。コウタケ大漁だ」

「……俺のほうもだよ」

互いにしばし無言。それじゃあ予定通り上で、と電話

これぞ山の恵み、キノコの籠盛り

を切る。双方とも分かっていたはずだがその言葉を口にはしない。「これ以上採ったら誰が持つの?」。

その後、予定通りの地点で両親と無事合流。互いの戦果に驚き呆れ、まずはひと休みと腰掛けた目線の先に、絨毯《じゅうたん》を広げたように群生するコウタケを見て天を仰いだ。

「さあ、もう一踏ん張り」と母の声が響く。

「帰り道頼むぞ」と父が肩に手を置いた。

食材帖 Food Note 4 キノコ

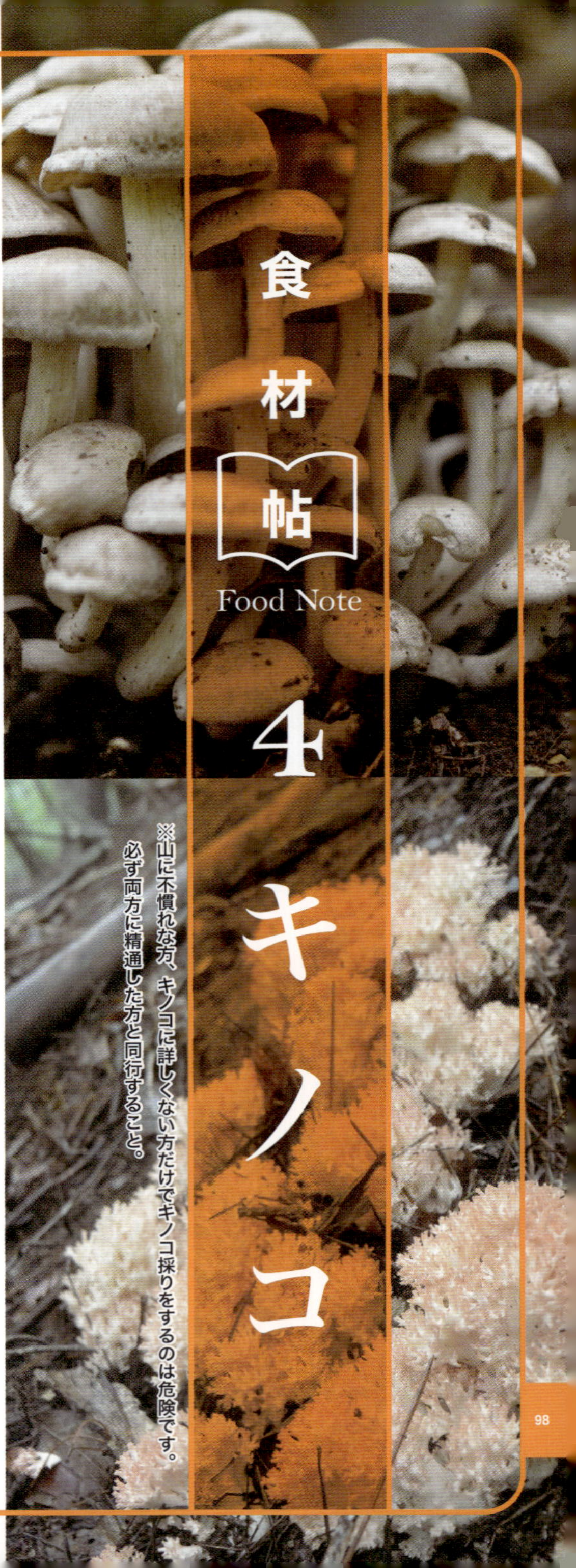

※山に不慣れな方、キノコに詳しくない方だけでキノコ採りをするのは危険です。必ず両方に精通した方と同行すること。

アカヤマドリ（赤山鳥）

欧州ではポルチーニとも呼ばれ広く親しまれているヤマドリタケの仲間には、日本にもいくつか近縁種が存在する。なかでも夏の広葉樹林で見つけやすいのがこのアカヤマドリだろう。黄褐色のひび割れた傘、真っ黄色のスポンジを思わせる傘裏（管孔と呼ばれる）という目立つ姿で威風堂々とした佇まいだ。大型化しやすく、傘の直径が30㎝に及ぶ大ものも。しかしイグチの仲間の宿命で虫食いが多く、採取は若くて肉質のしっかりとしたものに限られる。

アミタケ（網茸）

アミタケは美味揃いで知られるイグチの仲間の代表選手。夏から秋にかけてアカマツなどの根元に連なるように発生し、黄褐色の小ぶりな傘とスポンジ状の傘裏が特徴だ。大量収穫が期待できるキノコだが、サイズの小ささと特有の粘性もあって採取には非常に手間がかかる。帰宅後の処理を思えば収穫時にナイフで石突きを取っておくのがベストだが、雨上がりともなれば軍手はあっという間にツルツルと滑り、思わずナイフを投げ捨てたくなるだろう。それでも根気よく摘特に幼菌の柄は身が締まっていて非常に美味。適当な大きさに切って天ぷらや串焼き、ソテーなどに。また傘は、茹でるとウコンを煮出したのかと思うほど鮮やかな黄色の煮汁が出る。和食には活かし難い色合いだが、非常に豊かなコクが含まれているのでカレーやビーフシチューに用いるとよいだろう。

成菌（上）と
幼菌（下）

んでしまうのは、その味わいが最上級だからにほかならない。ツルッとした食感、こっくりとした旨味に魅せられた根強いファンは多い。

採取したアミタケは、湯に通すと黄褐色から赤紫色へと変わる。それはほんの一瞬で、熟練の手品でも見ているようだ。おろし和えにしても酢の物にしても、汁の実にしてもよし。特に鍋物に加えると豊かな出汁が出て絶品だ。

イグチの仲間は虫の幼虫が入っていることが多い。虫たちも美味いキノコは知っているという証だろうか。若いものは頻度も低いが、形が崩れだしたようなものは極力採らないほうが無難だ。気になる場合は裂いて確認するか、薄い塩水に漬けて虫出しするとよい。

アミタケはイグチの仲間の代表選手的存在

アミタケの特徴は、管孔とよばれる
スポンジ状の傘裏

採取したアミタケは、
熱を通すと一瞬で赤紫色へと変化する

ウラベニホテイシメジ（裏紅布袋占地）

秋の雑木林でよく見かける大型の食用キノコ。傘はオリーブ色に近い灰色で、多くの場合は表面に白色の霜降り模様と、指を押し込んだような斑紋が見られる。柄は白く、太くてしっかりとした肉質。ウラベニホテイシメジやサクラシメジの姿が見え出すと、本格的な秋のキノコシーズン到来となる。

ウラベニホテイシメジは、独特のクセとほろ苦さを活かした醤油の付け焼きがオススメで、酒蒸しや鍋物にも合う。苦味があまり得意ではないという方は、一度塩漬けしたものを戻して使うと苦味が和らぎ、歯切れのよさはそのままに楽しめるだろう。『ともん』でも塩蔵保存し、季節を問わず活躍するありがたい存在だ。

ウラベニホテイシメジを語るうえで欠かせないのが、非常に似た毒キノコ・クサウラベニタケとの判別法。隣同士にも生えるクサウラベニタケは長年、誤食毒キノコ御三家（他2種はツキヨタケ、カキシメジ）に数えられてきた。「メイジンナカセ（名人泣かせ）」の異名を持つクサウラベニタケはウラベニホテイシメジと比べて全体的に華奢、柄は指で摘むと潰れるような中空だ。しかしこの差違は環境によりけりで、同定の理由にはし難い。よって前述の、ウラベニホテイシメジの傘にのみ特有の模様と斑紋に着目したい。この模様と斑紋がない場合は避けるようにすると、誤食もなくなるだろう。

ウラベニホテイシメジ。白色の霜降り模様と、指を押し込んだような斑紋が特徴

キクラゲ（木耳）

中華料理の食材でお馴染みのキクラゲには、食用となるいくつかの近縁種が存在する。背面に生えた灰色のうぶ毛が特徴のアラゲキクラゲ（荒毛木耳）。中国ではかつて不老長寿の妙薬として珍重されていたシロキクラゲ（白木耳）。針葉樹の切り株によく生えるニカワハリタケ（膠針茸）。そして雑木林の木立に花が咲いたかのように発生するハナビラニカワタケ（花弁膠茸）等。現代ではこれらの多くが栽培に成功し、乾燥品だけではなく生のものまでスーパーに並ぶようになった。しかし、キクラゲたちは身近な場所にもたくさん生えており、目をこらせば公園の木製ベンチや立て札にまでこっそりと列をなしている。初めてのキノコ狩りの対象がキクラゲというのも面白いだろう。

キクラゲの仲間を使った定番料理はスープや和え物のほか、酢の物など。また酢の物に用いる際は、ナメコやイグチ類などのヌメリのあるキノコとともに頂くと、食感の違いを楽しめる。天ぷらも単純だが非常にオススメだ。ただ破裂する危険があるので、揚げる際には所々に包丁で切れ込みをいれておくとよい。ぷっくりと膨らんだキクラゲを熱々のうちに口へ放り込むと、豊かな味わいと不思議な歯触りの新境地を得られるはずだ。

ニカワハリタケ

アラゲキクラゲ
（公園の丸太ベンチに生えていた）

キクラゲ

ハナビラニカワタケ

コウタケ（香茸）

高級キノコの代名詞といえばマツタケ・マイタケだが、キノコ愛好家に問えば、そこに割って入るのがコウタケだろう。ささくれ立った茶褐色の表面は決して美味しそうには見えないが、「香茸」と漢字を当てるほど芳醇で非常に貴重なキノコだ。主にナラ林内のアカマツやコメツガ周辺に連なって生えるが、後者は表面のささくれが目立たずのっぺりしていて、アカマツ周りに生えるものと比較すると味わいも少々劣る。また体色が落ち葉に溶け込みやすく、棒立ちで見下ろす探し方では見つけづらい。這いつくばるようにして斜面を見上げると、落ち葉をこんもりと持ち上げたコウタケに出会えるはずだ。

調理は主に乾燥の工程を挟んでからが本番となる。冷蔵庫内で冷風に当てるのも一方法だが（送風口の近くに置く）、やはり天日干しの仕上がりとは比べものにならない。ところがこのコウタケ、雨の多い年に大発生しやすく、収穫後に運よく晴れが続くとは限らない。たくさん採れた時などは、思わずお天道様に祈りたくなる。なお天日に当てる際は、干物用の干しかごを用いるとよい。好天なら3日ほどで完成だ。しっかりと水分の抜けたコウタケは、フリーザーバッグなど

見た目はど迫力そのもの

に入れて冷蔵庫で保存する。使用時にはお湯で戻し、炊き込み御飯やリゾットなどにするとよい。この時、コウタケのエキスを含んだ戻し汁を少し使うのがコツだ。

ほんのりとコウタケの色合いを宿した炊き込み御飯は『ともん』のキノコ料理の代名詞。干すことにより一層深くなったその香りに、思わず陶酔してしまうこと間違いなしだ。

採取時はナイフを使い、石突きはその場に残しておく

コウタケ干し

まるで剣山のようなコウタケの裏側

ここまでくれば完成

左がコウタケ、右は不食キノコのケロウジ

サクラシメジ（桜占地）

秋、山間部の雑木林に列生する淡いワインレッドの色合いが非常に美しいキノコ。菌輪（菌環）を描く代表的なキノコとして知られ、時には100本を超える見事な連なりを見せてくれる。ミネゴシ（峰越し）、タニワタリ（渓渡り）の別名にその発生ぶりが見て取れるだろうか。また降雨直後などは、カサの表面にナメコのような粘性を帯びるのも特徴だ。

サクラシメジはほろ苦さが身上で、出来ればその苦味を活かした調理法が望ましい。生のものは天ぷらや付け焼きがよいが、特にオススメは甘じょっぱいタレで頂くすき焼きだ。またサクラシメジの苦味は塩蔵することでかなり和らぐ。大量に採れた時は一度塩蔵保存して、食べるぶんだけ戻すというのも手だ。冬のジビエ料理、シカやイノシシ鍋との相性も抜群である。

しかしこのサクラシメジは一つだけ残念なことがある。それは熱を通すと鮮やかなワインレッドが一転、地味な黄土色と化してしまうこと。元の色合いを残す秘訣をご存じの方がどこかにいないものだろうか。

サクラシメジの菌輪（菌環）

色合いの美しさが印象的

シャカシメジ（釈迦占地）

ひと株から無数に枝分かれして白い傘を開くさまを見ると、センボンシメジ（千本占地）の別名に思わずうなずいてしまう。標準和名のシャカシメジは、お釈迦様の頭髪、仏像の螺髪《らほつ》を思わせるところから。シメジの仲間ではその発生ぶりの美しさもあって、ホンシメジに次ぐ人気者。だが雨上がりのシャカシメジはちょっと敬遠したくなる。というのも、柄の隙間に入り込んだ泥汚れは掃除になかなか手間がかかり、特に幼菌ともなれば考えるだけで頭が痛くなるからだ。

また長雨の続く年のシャカシメジは大味であることが多いのも覚えておこう。

主な調理法は、姿を活かして幼菌を丸ごと椀種や天ぷらに。上品な香りと味わい、しゃっきりとした歯応えが実に美味だ。手早く湯に通したものを氷水にとって冷まし、酢味噌で頂くのもオツである。

幼菌。なるほど仏像の螺髪を思わせる

無数に枝分かれした白い傘が特徴（成菌）

こちらはシメジの中のシメジ、ホンシメジ

タマゴタケ（卵茸）

鮮やかな赤い傘は一見すればまるで毒キノコのようだが、夏から初秋の雑木林で手軽に採取出来る美味な食菌である。幼菌時、まるで卵の殻を思わせる白色のツボに包まれていることからタマゴタケの名が付いた。よく似た毒キノコ・ベニテングタケとの違いは、①傘の表面につく白いイボの有無（※ベニテングタケにのみある）、②傘裏のヒダ・柄・ツバの色（※タマゴタケはすべて黄色、ベニテングタケはすべて白色）である。なおタマゴタケの仲間には傘を含めた全体が黄色、あるいは茶色のものなどがある。前者は猛毒のタマゴタケモドキ（死亡例が報告されている）とよく似通っているので、採取しないほうが無難といえる。

タマゴタケは油との相性が非常によく、主に洋風料理に向く。軽く炒めてスパゲティやオムレツに加えたり、フリッツなどで頂くと美味。一片のバターとともにホイル焼きも捨てがたい。

なお幼菌時はともかく、大きく傘を開いたタマゴタケは非常にもろいため、そのままの形を残して持ち帰るのは至難の業である。

成菌を上からみたところ

白と赤のコントラストが目に鮮やかだ

幼菌は白い被膜に包まれている

一見すると毒々しい色合いだが実は美味（成菌）

チチタケ（乳茸）

北関東、特に栃木県において県民御用達キノコとして名高いのがこのチチタケ（当地ではチタケと呼ぶ）。主に梅雨時から初秋にかけて、平地の雑木林から山地のブナ林まで幅広い環境に発生する。名前の由来は赤褐色の傘を傷つけると滲み出てくる乳白色の液から。この液に素手で触れると、肌の弱い人はかぶれたり痒《かゆ》みを覚えることがあるのでご注意を。

ボソボソとぱさついた食感だが、非常によい出汁が出るので煮物や椀種、鍋物にと大活躍する。『ともん』では各定食にけんちん汁が付き、その具材は季節で変わるのだが、チチタケの入ったけんちん汁は特に好評だ。そのこっくりとした旨味にはファンが多い。

幼菌。チチタケの傘を傷つけると出てくる乳白色の液は、肌の弱い人が素手で触るとかぶれることがあるので注意

成菌。食感はいまひとつだが非常によい出汁が出る

ナメコ（滑子）

晩秋に発生するキノコの代表格といえば、ユキノシタ（雪ノ下）ことエノキタケ、カンタケ（寒茸）ことヒラタケ、そしてこのナメコだろう。ナメコは主にブナやナラの木に生えるが、ナラ枯れの起こったナラ山で数年に一度という大発生をすることがある。このタイミングに当たると、立ち枯れの幹や梢、倒木、切り株など、視線を向ける先々にナメコが顔を覗かせていて目移りしてしまう。まるで山全体にナメコの花が咲いたようだ。

ナメコの特徴といえば表面を覆うヌルヌル。正体はムチンという物質で、その効能は疲労回復や免疫力の向上。ナメコ狩りで歩き疲れた夜は〆にナメコ汁をオススメしたい。

定番料理はそのナメコ汁のほか、大根おろしと和えたナメコおろしだが、天然ならではの大ぶりなナメコが手に入った時は「焼き」もぜひ試してほしい。そもそも「ナメコは傘が大きく開いたものほど美味い」と山村の方々が口を揃えるほどで、一度口にすればきっと納得するはずだ。

ナメコは主にブナやナラの木に生える

左の灰色がヒラタケ、右の黄色がナメコ。それぞれ発生したばかりの幼菌だ

紅葉の山を行く

キノコ狩りの合間にふと遠くを見れば山は燃えるような色合いに染まっていた

圧巻の群生

ニンギョウタケ（人形茸）
アオロウジ（青老茸）

ニンギョウタケは、秋のマツ林に発生する縁が波打つようにゆがんだ、扇のような見た目のキノコ。傘の直径は時に20～30㎝にもなる。群生することが多いので大量収穫も可能だ。幼菌の頃はきれいな白色をしているが成長するにつれて黄色を帯び、盛りを過ぎると茶色の染みが出て嫌な臭いも放つ。若く肉質のしっかりとしたものだけを選んで採取するとよい。主に塩漬けにした後、戻してから煮しめや鍋料理に用いる。塩漬けにしても失われない歯切れのよさが特徴だ。

ニンギョウタケの近縁種であるアオロウジは形・発生場所・時期までもニンギョウタケと似通っている。しかし異なるのは色合いで、ニンギョウタケの白色に対してこちらは紫がかった青色。さらにこの青色は老成するにつれて黄色味がかった褐色へと変化する。

主な調理法は、生を天ぷらや、さっと湯がいた後に酢の物や佃煮に。つるりと滑らかな食感が持ち味だ。アオロウジは、土地によっては高級キノコのクロカワ以上に珍重されている。もっと知られてよい食菌の一つだろう。

食べ頃のニンギョウタケ

アオロウジ

ヒラタケ(平茸)

ヒラタケはほぼ通年、奥山から里の雑木林・河川敷まで幅広い環境で採取可能だ。そのうえ味わいにはクセがなく、煮る・焼く・蒸すとどんな料理法にも向くためキノコ界の万能選手といえる。冬期も瑞々しい姿を見せることからカンタケ(寒茸)の別名も持つ。

ヒラタケには一つ思い出がある。中学生の時、美術の授業の一環で「枯れ枝で立体造形物を作ろう」というものがあった。校舎に隣接する雑木林にクラス全員で向かい枯れ枝を拾い集めていたのだが、僕が一抱えして来たのは大ぶりのヒラタケ。ドン引きする友人や教師を尻目に、僕だけほくほく顔。

先年、すでに定年退職された恩師が当店を訪れ、その昔話を懐かしげに語られた。「授業中にキノコ狩りをしてきた生徒は後にも先にも君だけだったよ」。なおご心配？　されている読者諸氏のために、僕の美術の成績は5だったことを付け加えておきたい。

幼菌の状態

ヒラタケは料理のバリエーションが広い

ブナハリタケ（橅針茸）

傘裏に針状の突起を持ち、ブナの倒木や立ち枯れに発生するのでブナハリタケ。幼菌は鮮やかな白色、やがて成長にともないクリーム色へと変わる。ほんのり漂う甘い香りと歯切れのよい食感が持ち味だ。大きさは主に3～5㎝で、時に大人の握り拳ほどにもなるが、その香りのせいか成長しすぎたものは虫が入りやすいのでご注意を。塩蔵保存した後もしっかりとした肉質は損なわれず、なによりも大量収穫が可能なことから、特に山国ではブナ帯を代表するキノコとして人気が高い。

2017年秋はキノコ不足に泣かされた『ともん』であったが、このブナハリタケにどれほど助けられたことだろう。目当てのマイタケが空振りに終わった日、渓をまたぐ1本の倒木に夥《おびただ》しいほどのブナハリタケが生えていた。入るだけ籠に詰め込み、帰宅後計量してみると総量なんと52kg。我ながらよくも担いで来られたものだと、自分で自分をほめてあげたかった。ブナハリタケは、たとえ面倒でも採取時にナイフで石突きを切り離しておくと後の仕事が楽だ。また非常に水気を含みやすいので、よく絞ってから持ち帰るとよい。

生のものは甘みを活かすため付け焼きや天ぷらがベスト。塩蔵保存後に塩抜きしたブナハリタケは鍋物やすき焼き、油で炒めた後に煮しめなどがよいだろう。

鮮やかな白色～クリーム色が際立つ

ホウキタケ（箒茸）

ホウキタケの名は、珊瑚のようでもある見た目を箒になぞらえたもの。ネズミの足先を思わせることからネズミタケの別名も持つ。キノコ狩りの対象としてはよく知られたキノコだが、どうやらいくつかの種類を総称してホウキタケと呼んでいるようだ。また困ったことに、ハナホウキタケ等の毒キノコも知らずに採取している人がいると聞く。基部は太く先端だけが枝分かれした可食のホウキタケに対して、ハナホウキタケは根元からすぐに細く枝分かれしているので注意したい。当地では本物のネズミタケの略称で、可食のホウキタケのみを「ホンネズ」と呼ぶ。

風味、歯切れともによく、天ぷらや付け焼き、澄まし汁にすると美味。また塩漬けにしても食感が損なわれないので長期保存にも向くキノコだ。

珊瑚礁のようなホウキタケの群生

ネズミの足先にも似ていることからネズミタケとも呼ばれる

マイタケ（舞茸）

見つけると歓喜のあまり舞い踊ってしまうことから「舞茸」。栽培品が身近な昨今でも、天然マイタケに出会えた時の喜びは全く変わらない。それはこのキノコの主に生える環境が人を寄せ付けない厳しい奥山であり、食味も香りも栽培品とは段違いだからだ。

マイタケは主にミズナラの古木の根元に生え、特に尾根筋などの風通しがよい場所を好む。体色の違いからシロフ（白斑）、トラフ（虎斑＝中間斑）、クロフ（黒斑）と呼び分ける。主にシロフが早生種でクロフが晩生種といわれているが、僕の経験上では必ずしもそうとは限らないようだ。しかしクロフを最上級品とする傾向はあり、特に雪がちらつく頃に出会うそれは「シモフリマイタケ」と呼ばれ珍重されている。

マイタケは運がよければ一山で10kg以上という当たり年もあるが、ひと株にすら出会えず終わる年もある。それがまたマイタケ採りの醍醐味といえるのだろう。

調理法は天ぷら、焼き、澄まし汁、炊き込み御飯などと幅広い。またじっくりと焼いたものを燗酒に浸したマイタケ酒もとてもオツな味わい。豊かな香りを堪能して頂きたい。

マイタケと名の付くキノコにはほかに、トンビマイタケや

まさにキノコの横綱格

オオミヤマトンビマイタケなどがある。前者はマイタケよりもひと月ほど早い8月くらいから発生し、特に北国では非常に人気が高い。後者はマイタケとほぼ同時期にやはりミズナラの古木に生え、時にひと株で10kgを超える大物も。しかしどちらも食用とするのはまだ柔らかな幼菌だ。キノコの繊維に対して垂直に切り、天ぷらやフライにするとよいだろう。

シロフ

マイタケがたくさん採れたら冷凍保存するとよい。手で裂いたマイタケを空気が入らないようにピッチリとラップした後、フリーザーバッグに入れて冷凍保存する

クロフ

オオミヤマトビンビマイタケ

マスタケ（鱒茸）

目にも鮮やかなオレンジ色が特徴の、サルノコシカケ科に属するキノコ。暗い森の中でも非常に見つけやすく、主に春から秋にかけて広葉樹・針葉樹を問わずその倒木や立ち枯れに生える。重生（数枚が重なり合うキノコの生え方）することが多く、一枚一枚は半円形から扇形で、縁には波打つようなうねりが見られることも。マスタケの名の由来はサーモンピンクの身色から。大型化しやすいサルノコシカケ科だけに、時折10kgを超える大株にも出会うが、育ちすぎたマスタケはボソボソとした質感で食用には不向き。耳たぶのようにまだ柔らかな幼菌のみを採取するとよい。

「鱒」茸ではあるが食味は魚よりもむしろ肉に近く、英語圏ではChicken mushroomとも呼ばれている。油との相性が抜群でフライや天ぷら、炒め物に向く。一度炒めたものをカレーやシチューに入れても美味。またボイルしたものを味噌漬けにすると、これまたなかなかの珍味だ。なおマスタケからは、わずかながらだが毒成分が検出されており生食は厳禁である。必ず加熱し、過食や体調不良時の摂取も止めておくこと。

優に5kgを超えるマスタケの大株

遠目に見る灰色の景色は、
一切の生命の鼓動を失ったかのようだ。
けれど、そっと近づき水底を覗けば、
そこにはたくましく冬を越している生き物の姿がある。
カジカや寒雑魚は『ともん』の冬を彩る味覚だ。

冬

Winter

また野山を行く獣との知恵比べ、
狩猟も今が最盛期。
やがて雪にすべてが覆い尽くされると
僕らの渓通いも一休み、
ふたたび出会う日を待ち望む。

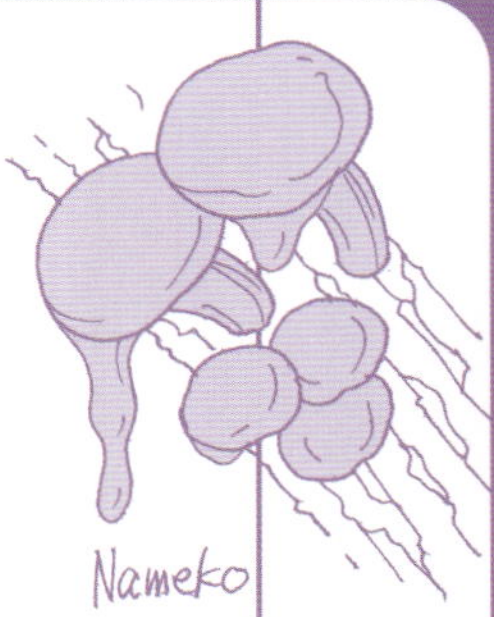

仕入れ日記

ナメコのよだれ

紅葉の名残と白銀の世界を行く

抜けるような青空に赤と黄に染まった山並みが冴える。紅葉の山々を行く晩秋のキノコ狩り、お目当ては立ち枯れに咲く黄金色のナメコ、切り株を覆い隠すクリタケ、倒木に連なるムキタケやヒラタケだ。澄んだ空気も相まってハイキング気分で歩く道行きすらも心地よく……、そんなイメージはどこへやら。今日この日、新潟の空は鉛色だった。

山菜採りや渓流釣りで『ともん』が早春からお世話になっ

雪帽子を被ったナメコとムキタケ

ている新潟県であるが、以前は渓流釣りが禁漁を迎えた後はあまり訪れる機会もなかった。当地で僕が晩秋のキノコ狩りを楽しむようになったのは、地元に生まれ育ち漁協の理事を務めるKさんにさまざまなアドバイスを頂くようになった10年ほど前からだ。

驚くなかれ、Kさんたちは時にスキー板を履き、厳冬期もキノコ狩りに勤しむという。雪中のキノコとしてまず思い浮かぶのはユキノシタの別名を持つエノキタケだ。このキノコは文字通り雪の下でもすくすくと成長を続け、渓流解禁直後、まだ雪深い沢伝いなどで思わぬ恵みを与えてくれる。エノキですかと問う僕にKさんは笑って首を振った。聞けば当地の方々が主に狙うのはナメコだという。そしてこう締めくくった。

氷漬け状態のナメコとムキタケ

クリタケも雪に凍えているかのよう

「ナメコのよだれを目印にするんですよ」

Kさんのこの言葉が僕の好奇心を強烈に刺激した。だが雪慣れしていない埼玉生まれ・埼玉育ちの『ともん』一家である。道中の不安を考えると厳冬期に来るのは少し怖い。それでも、いつかチャンスはないだろうかと願っていた2016年11月初旬、

「ともんさん、奥山だけですが積もったみたいですよ」

と電話が入った。Kさんも驚く早さの初雪であったが、街中の雪はすぐに溶けて消えたという。千載一遇のチャンスとばかり、一路新潟へと車を走らせた。

厚い雲に覆われた空はまるで藁《わら》灰を塗り込めたようであったけれど、木々にはまだ鮮やかな紅葉が残っている。スパイク付きの長靴が一歩ごとにキュルリと音を立てた。

冷えた身体にナメコ汁は絶品だった

雪中キノコの代名詞といえばこのエノキタケ

白い絨毯を敷いた世界を行くと、さっそく立ち枯れに雪帽子を乗せたナメコの姿。あっさり長年の目標を達成してちょっと拍子抜けと思いきや、「よだれ」なる現象は見られない。周囲を散策し、カチカチに凍り付いたヒラタケやクリタケを採取しながらさらに奥へと向かった。

道中、立ち枯れに鈴生りになっていたムキタケを採ろうと歩みを止め、あることに気付いた。僕たちは普段、木々の高みに生えたキノコを採る時にはジョイント式の鎌を用いる。しかしそれが平地ならともかく斜面だと、せっかく刈り落とした獲物がころころと転がり見失ってしまうことも多い。そのためプロの中には鎌の下に袋網などを取り付けてキノコを落とさぬように配慮する者もいるのだが、なんと雪上では刈り落としたキノコが転がることなくその場で止まる。しかも

これぞ「ナメコのよだれ」。
滴り落ちる粘液が氷柱状に凍りついている

落ち葉の上とは異なり、非常に目立つのだ。当地の方があえて厳冬期にキノコ狩りをする理由が垣間見えた気がした。

雪に覆われた茂みを何気なく見やったその時、待ちに待った瞬間は訪れた。天然物のナメコならではの豊富すぎる粘液が、滴り落ちる途中で凍り付いたのか、一筋の氷柱となって垂れ下がっていた。そしてナメコの足下を覆う雪には、わずかながら薄茶色の染みが滲んでいた。これぞまさにナメコのよだれ。かじかむ手で、何度もシャッターを切った。雪に縁遠い埼玉では決して見ることの出来ない憧れの光景。僕はその後も時間を忘れて見入っていた。

ちなみに、氷漬けのナメコで作った熱々のナメコ汁が絶品であったことは言うまでもない。

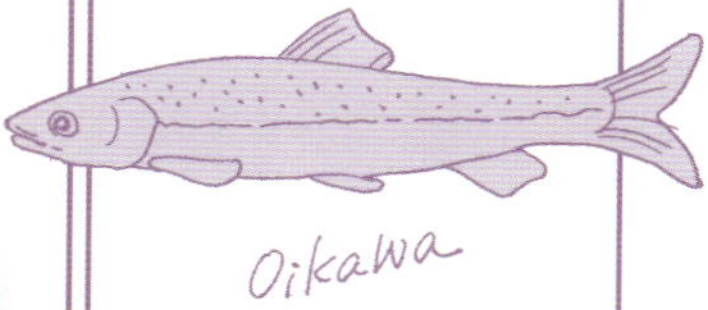

寒雑魚漁

川漁師伝来の雑魚網は柿渋で染めてある。雑魚用の魚篭も年季モノだ

ウグイもオイカワも、春から初夏にかけて産卵期を迎える。この時期の漁法としては、人工の産卵場をつくる「つけ場漁」や、「瀬つき漁」、「アイソ漁」がよく知られている。しかし本来、ウグイやオイカワの旬は冬。特に寒さが厳しくなった時期のものが一級品だ。秋も後半になると寒さに備えるため脂が乗り、やがて寒さが増すにつれて、雑魚たちは皆ひとかたまりになって水温の安定した深場、特に日当たりのよい場所へと移動する。これは「霜寄り」

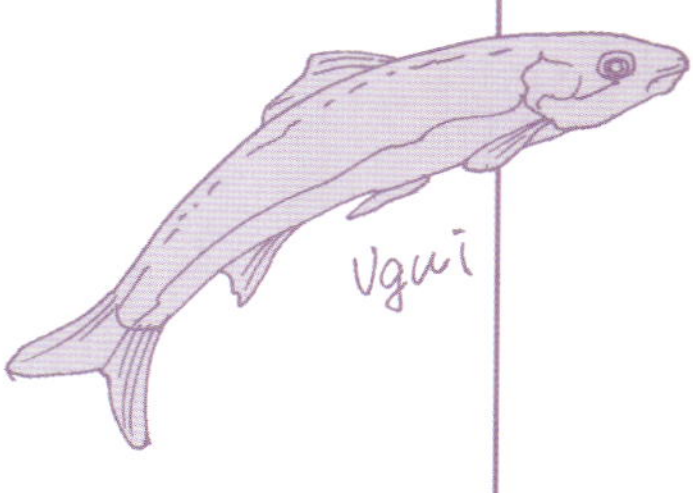

霜寄りの影を見つけた父が網を打つ

と呼ばれる現象で、霜寄りした雑魚たちは冬が明けるまではあまり口を使わなくなる。いわば半絶食状態になることで内臓が清められ、身も締まる。

古来、冬場の雑魚は寒雑魚《かんざっこ》と呼ばれ珍重されてきた。かつての埼玉県西部・飯能市周辺では、この寒雑魚を串に刺して焼いた雑魚串が贈答品としてことのほか喜ばれていたという。

11月も半ばを過ぎると、『ともん』では父の秀雄が秩父の荒川へと向かう。手にしているのは、当地で長年活躍した川漁師から託された一枚の投網。今や二度と手に入らない手すき（上から下まで一目一目すべて手で編んだ網のこと）の逸品だ。受け継いではや20年以上、父はシーズン毎に柿渋で染め抜きとても大切に扱っている。

放たれた網がきれいに広がり水面に落ちた

父に付き従う僕の手に投網はない。67歳の父から見れば僕などまだ小僧っ子、魚篭持ちが今日のお役目である。しかしそんな父すらも前述の川漁師・御年92の大先輩の前では半人前らしい。この道のなんと長く険しいことだろうか。

親子で両岸に分かれ、注意深く川面を見ながら進んでいく。むやみに覗き込み影を落としてしまえば、気付いた雑魚は四方八方へと散ってしまう。抜き足差し足、水音も振動も伝えぬように歩く。ふと対岸の父が動きを止めた。様子を窺うと父は10mほど前方を差している。偏光グラス越しに眺めると、落ち葉が沈んだ水底に輪郭のおぼろげな灰色の影があった。影は周囲を滲ませるように膨らんだり縮んだりを繰り返している。霜寄りした雑

網を打った後、しばらくそのままにしておくと小さな魚は網目から逃げ出していく

魚たちだ。父は音もなく近づき、手にした投網を中空へと打つ。影はあわてたように膨らむが網が水面を叩くほうが早い。文字通りの一網打尽。網の中では捕らわれた雑魚がもがく。父はそのまま網を遊ばせておく。雑魚網としては目の粗い投網で、小さな魚たちは網目からするすると逃げ出していくのが見える。

しばらくして網を引き上げると、活きのよいウグイやオイカワが銀鱗を光らせていた。雑魚を手早く選別して魚篭の中へ。一息つくと父は網をくるりと束ねて来た道を戻って行く。今網を打った淵のすぐ先にもよいポイントが見えたが、続けて網を打つことはしない。目の粗い投網を使うのも、一淵一網に留めるのも、雑魚を絶やさないためのルールだ。そして車まで辿り着くとすぐに雑魚を氷詰

網の中の雑魚たち

めにして、次なる場所へ車を走らせた。

かつて当地にも数多くの川漁師が活躍していた時代、雑魚はそれこそ、いくら捕っても捕りきれないほどいたと聞く。もちろん川漁師たちは再生し得る数を判断して漁《ぎょ》撈《ろう》に励んでいたわけだが、川はやはり今とは比べものにならないくらい豊かだったのだろう。現代は河川環境の悪化など、さまざまな要因により雑魚が減少している。最近特に大きいと感じるのはカワウによる食害だ。埼玉県では東松山市の森林公園がカワウの一大生息地として有名だったが、今ではこの荒川流域にも多数のコロニーが点在する。

「先週は真っ黒になるほど雑魚がいたもんだけど、鵜が来だしたらもうあっという間よ。そういや、やつらも昨日ぐらいから来なくなったなあ」。飼い犬と散歩中の親爺さ

ウグイやオイカワが大漁だ

んが魚一尾いない淵を覗き込みながらそうつぶやいた。寒雑魚漁の季節になると、川沿いに住む人々からそんな台詞を聞くことが多くなった。霜寄りした寒雑魚は、カワウにとっても絶好の獲物なのだろう。念のため断言しておくがカワウに罪はない。彼らはただ必死で生きているだけだ。非があるとすれば、こんな河川環境にしてしまった僕ら人間のほうである。

ともすれば下魚とイコールになりかねない「雑魚」という言葉。しかしイワシが大衆魚から高級魚へとなりつつあるように、いつか雑魚も貴重な魚の総称に変わる日が来るかもしれない。そんなことを考えならかじる寒雑魚の焼き串は、ほのかに冬の匂いがした。

仕入れ日記

カジカ突き

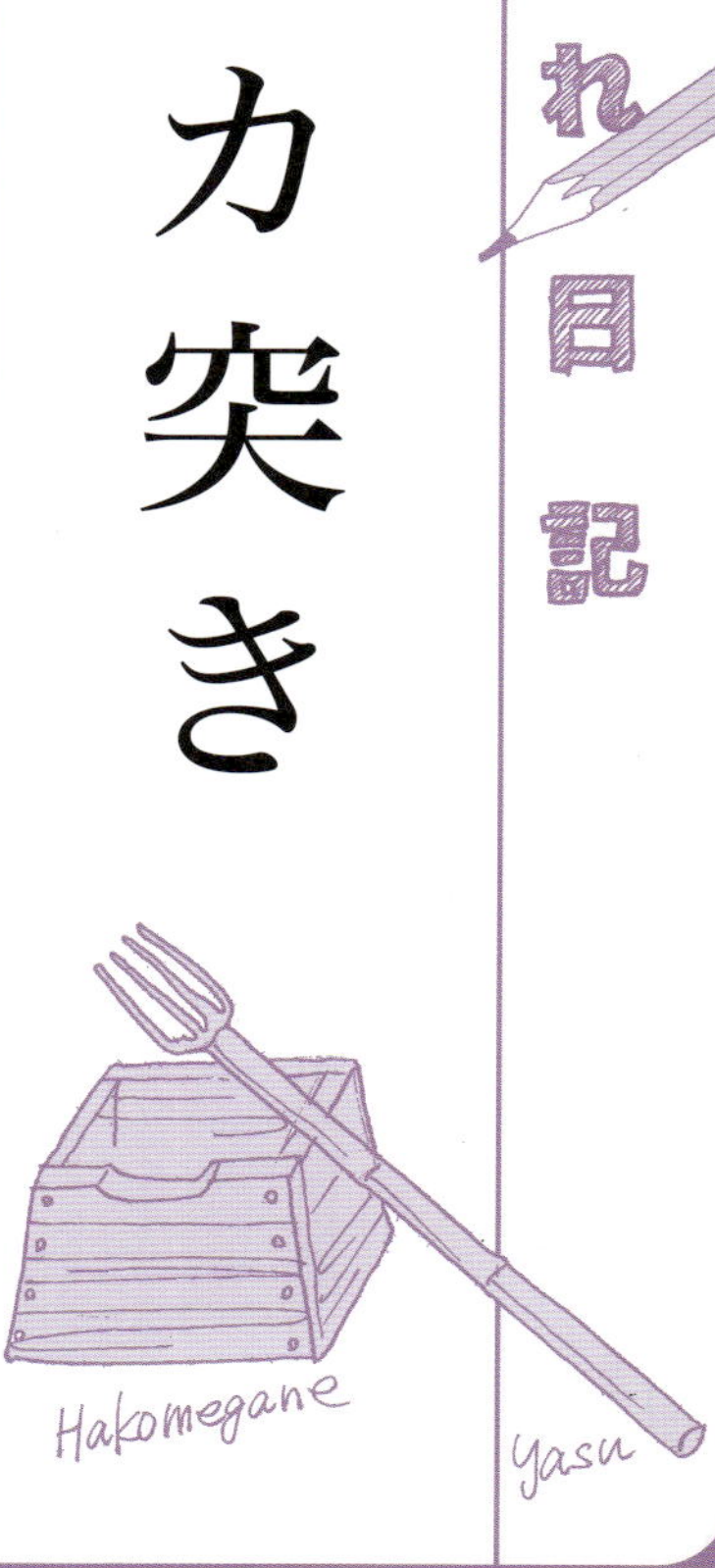

渓流釣りが禁漁となり、連日のキノコ狩りも一段落。後はコタツでぬくぬくと……したいのは山々であるけれど、『ともん』の渓通いはまだまだ終わらない。寒さとともにカジカの美味なる季節がやって来るからだ。

埼玉県秩父市内を流れる荒川本流。夏場は大ヤマメとしのぎを削った舞台だが、今日手にしているのは釣りザオではなく1本のヤスだ。首からは箱眼鏡を下げ、胸までのウエーダー（釣り専用長靴）を履き、腰元に丸魚篭、

11月下旬、岸際の水面はすでに凍りついていた

カジカ突きの３点セット、箱眼鏡、ヤス、腰魚篭

カジカ突きのようす。大股開きで箱メガネ越しに水底を覗き、右手にはヤス。左手は上着の袖口が濡れないように腕まくりをしているのだが……

夢中になり気がつけば左上半身はずぶ濡れ状態

左腕は袖口をまくり上げての臨戦態勢である。

そもそもカジカは、日中は主に川底の石裏や隙間に隠れ潜み、外的に襲われる心配が少ない夜間に採餌行動をとる。この習性を利用したのが、かつて東北地方では夏の風物詩でもあったというカーバイトランプを用いた夜突きだ。しかし、現在はごく一部の地域を除き夜間の釣りやカジカ突きは禁止されている。そこで必然的に日中のカジカ突き漁（ヤス漁）では、彼らが潜む石を、気付かれないようにそっとはぐという技術が要求される。

「石をはぐ」というと何やらサワガニ捕りを思わせるが、その実情はまったく異なる。サワガニが棲むのは浅く流れの緩やかな小沢。対してカジカが好むのは、時に1m以上も深さのある渓流相だ。また困ったことに流れの強い流心

突いたカジカを箱メガネ越しに見る

狙いをつけたら迷わず一突き！

であればあるほど、そこを縄張りにしているカジカは良型なのだ。

11月下旬、初雪にはまだ早いが川沿いの下草には霜が綿飴のように乗っていた。すでに冬の気配が漂う水の中へ、腕まくりした手を恐る恐る伸ばす。脳天を殴られたような痛みが走り、思わず怯んでしまう。肩口までを覆う防水手袋を持って来ればよかったと、今さらながら気付くが後の祭りだ。せめて濡らすのは最小限に留めようと、最初は水深の浅い川岸近くの石をはいでいたがリリースサイズばかり。

意を決して川のど真ん中へ。そしてここぞと狙いを付けた大石をそっとはいだ。カジカのカモフラージュ力はたいしたもので、見事なまでに自身を周囲と同化してみせる。

大ものゲット

こちらはファミリーにも人気のカジカ釣り。箱眼鏡を覗きながら、カジカの潜む石の隙間へハリに付けたイクラエサを落とし込んでいく

「あ、いた」と思った時には遅かった。狙いを定める前にカジカは箱眼鏡の視界から跳んで消えた。石をはぎ、いきなり開けた世界にカジカが戸惑うわずかな間に勝負を決めなければならない。

ふたたび大石をはぐ。今度は逃がさないぞと右手のヤスに力を込めつつ……いた、大ものだ。箱眼鏡越しだと拡大されて見えるが、それを差し引いても大きい。気付かれぬようにするりとヤスを滑らす。カジカへと狙いを定めたその刹那《せつな》、一気に押し込んだ。頭の付け根にぐさり。ヤスを通してぶるりぶるりと命の躍動が手に届く。さらにもう一度ヤスを押し込み、そして持ち上げ腰魚篭へ。思わず「ほう」と息があふれた。左肩が濡れているのに気付いたのはしばらくしてからだった。

食材帖
Food Note

5 続・川の魚介

雑魚（ウグイ・オイカワ）

雑魚とはさまざまな種類の小魚を総称した言葉だが、『ともん』では主にウグイとオイカワを差す。そう聞いて大半の方が抱くイメージは、「中下流域の泥臭い魚」といったところだろうか。しかし、侮るなかれ。『ともん』で用いるのは冬季の「寒雑魚」、それもイワナやヤマメがいる秩父・荒川上流産。棲む環境や時期によってまるで味わいが違ってくるのが川魚の面白いところで、昔懐かしい雑魚の天ぷらを召し上がった年配の方が、「こんなに美味しかったっけ？」と驚かれるほどだ。天ぷらや甘露煮にすると非常に美味で、冬の隠れた珍味である。

ウグイは全国各地の淡水で見られるコイ科の魚。当地ではハヤあるいはクキと呼ばれている。春になると体側に朱色の婚姻色が走ることから、アカハラ等の呼称も見られる。釣り人には外道（本命ではない魚）扱いされがちだが、最近では50㎝以上にもなる近縁種のマルタウグイが一部の愛好家の中で人気となりつつある。ただこちらは小骨が多く大味で美味しいとは言いづらい。

ウグイ

オイカワは、元来は関東以西でのみ見られた魚種。稚アユの放流に伴い全国各地へ生息域を広げたとされる。関西圏ではハエ（ハヨ）とも呼ばれる。なお埼玉県西部ではアカンバイの呼び名があるが、これは鮮やかな婚姻色に染まったオイカワの雄に由来したものだろうか。対して雌は産卵期でも地味な色合いである。

カジカ

魚偏に秋と書いてカジカ。まさにその旬は木々が色づき始める秋から冬にかけて。捕獲方法は伝統的な突き漁(ヤス漁)と、短ザオを用いた釣りが一般的だ。子供でも手軽に楽しめることから、最近では秋の小もの釣りのメインターゲットとしてカジカは人気を博している。

食味は至って美味。「魚は見た目がグロテスクなほど美味い」という格言があるが、川魚における代表格はカジカだろう。サッと塩を振り布巾などでヌメリを取り、小砂利を飲んでいる内臓も取り除く。身は淡白で塩焼き、唐揚げ、甘露煮となんでも合う。『ともん』ではじっくりと焼き枯らして熱燗に浸すカジカ酒が定番だ。イワナの骨酒以上に濃厚な味わいは玄人向きだが、一度ハマれば二度と抜け出せない魔味。しんしんと冷え込む冬の日にこそぜひ味わって頂きたい。

婚姻色の出たオイカワのオス

カジカとしてはかなりの大もの

狩猟の舞台、
信州・伊那谷

当地はマツタケの大産地。見事なアカマツが立ち並ぶ

仕入れ日記

狩猟

実を言うと、『ともん』親子は未だに狩猟免許を持っていない。というのも、本州の狩猟期間はおおむね11月15日〜2月15日と非常に短い。この間、僕たちは晩秋のキノコ狩りが一段落した後もカジカや寒雑魚を求めて川通いが続く。そしてあっという間に年が明け、摘み草、渓流釣り解禁を迎えてしまう。気付いた時にはすでに狩猟期間が終わっているという塩梅だからだ。

ゆえに当店で提供しているジビエ（主にシカとイノシ

シカが角をこすり当てた跡

猟犬にはGPSを取り付けている

シ、希にツキノワグマ）の大半は、地元埼玉の飯能市『猟師工房』のお世話になっている。代表の原田氏は、昨今の日本社会が抱える狩猟問題を解決せんと奮闘している熱き男。ハンター志望の若人を招いての獣の解体講座や、地元の小中学生向けに食育イベントなども率先して行なっている。その一助になればと『ともん』も協力させて頂いている次第だ。

しかしそんな僕も年に数度、猟に参加することがある。その場所は埼玉から遠く離れた信州伊那谷。当地はマツタケの一大産地として名高く、さらには天竜川の豊富な支流群を擁する。僕がMさんと初めて出会ったのも、渓流釣りの最中だった。

Mさんは当地ではテンカラ（和式毛バリ釣り）上手と

まだ新しい獣の踏み痕が残っていた

ゆるやかな尾根に獣道が走っていた

して知られ、狩猟期には毎年幾頭ものシカやイノシシを仕留めている名ハンターでもあった。Mさんは罠猟や単独猟もするが、僕が参加したのは複数人が協力して行なう、巻き狩りと呼ばれる猟だ。その手順は、山中のヤブや茂みに潜む獲物を勢子《せこ》や猟犬が追い、タツマ（立間＝獲物の逃げる先、射手の待ち受ける場所のこと）の射手が狙い撃つというもの。一見単純に思えるが、猟果の如何はメンバーの連携次第といっても過言ではない。

猟に関してド素人の僕は、Mさんに従いタツマの一つで獲物がやってくるのを待っていた。前夜からしとしと降り続いた雨はすでに上がったが、厚手の靴下を2枚重ねにした足先がかじかむほどの寒さだ。静寂の中、吐く息だけが白くたなびく。

射手は勢子に追われた獣がやって来るのをひたすら待つ。狩猟は根気が大事

銃声が木霊した

無線から掠《かす》れたように音が鳴った。犬が放たれたのだ。

「ヨーホホーイ！　ヨーホホーイ！」

伸びのある勢子の声が遠くで木霊《こだま》した。一定の間隔で聞こえる声が次第に近づいてくるのが分かる。1羽のカケスが尾根を越えて飛んでいった。「獣が動いた証拠だ」とMさんが呟く。思わず手に力が入る。僕とMさんが見下ろす対岸の斜面には、緩やかな尾根から続く1本の獣道が走っている。Mさんは言う。

「追い立てられ、半狂乱の獣は足場を選ばずがむしゃらに駆け抜ける。これを俺らは〝跳ぶ〟と表現するが、跳んでいる獣を狙い撃つのは熟練の猟師でも至難の業だ。けれどやつらは追っ手との距離を一定まで離すと息を整えるために歩を緩め、障害物のない走りやすい場所、つまりは

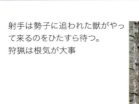

息絶えたシカは 70kg ほどだった

獣道を行く。谷から尾根へ、尾根から谷へと行く時も必ず勾配の緩やかな斜面を選ぶんだ」

「……ヨーホホーイ、ヨーホホーイ……」。勢子の声はやがて遠ざかっていった。

戸門くん来たぞ、ぼそりと呟きが聞こえた。Mさんが「必ず通る」と言っていたその尾根を今まさに乗り越えた1頭のシカ。追われているとは思えないくらい穏やかな歩みだ。そのまま斜面を降りてくる。1発の銃声。同時にシカはもんどり打つ。そして4本の足がわずかな間だけ宙をかいていた。

Mさんに従い近寄るとすでにシカは動かなくなっていた。促され、その背に手を触れてみると温かい。命を頂くとはこういうことなのだと合掌し、僕はナイフを引き抜いた。

食材帖 Food Note 6 ジビエ

イノシシ

日本のジビエを代表するイノシシは、「山くじら」と称して江戸時代にも食されていた。ウリ坊と呼ばれる幼少期の可愛らしさはどこへやら、成獣は体重100kgに及ぶものもあり、時速40kmともいわれる突進力は四字熟語・猪突猛進のゆえんとなった。ところが実際には決して一直線にしか進めないわけではなく、華麗なステップを刻みながら向かってくる。その恐怖たるやアメフトやラグビー選手の突進以上で、強靭な鼻先でかち上げられれば人間などひとたまりもない。僕な

罠にかかったイノシシ

イノシシが木の根やタケノコ、地中のミミズなどを掘り起こした跡

どは本州の山中ではツキノワグマよりもはるかにイノシシのほうが怖い。

　イノシシはドングリ等の木の実、タケノコ、植物の根、芋等の地下茎を主食とするほか、サワガニやミミズ、昆虫類まで好んで食べる雑食性。最近では田畑や畔を掘り起こし、各地に食害の猛威をふるっている。「豪雪地帯の冬は越せない」という説がかつてはまことしやかに語られていたが、今やその生息域は拡大の一途を辿っている。

「牡丹」と称されるその肉は非常に美しく美味であり、特に晩秋から早冬のイノシシは豊富にエサを食べ脂がのっているため、最上級品だ。薄くスライスした肉はすき焼きや味噌仕立ての牡丹鍋にすると絶品。イノシシの肉と脂はじっくり煮込むほど柔らかくなる。アバラはしばらくタレに漬け込んでからスペアリブにして食べても美味しい。

解体だけではなく裏山で獣道を見て回ることも

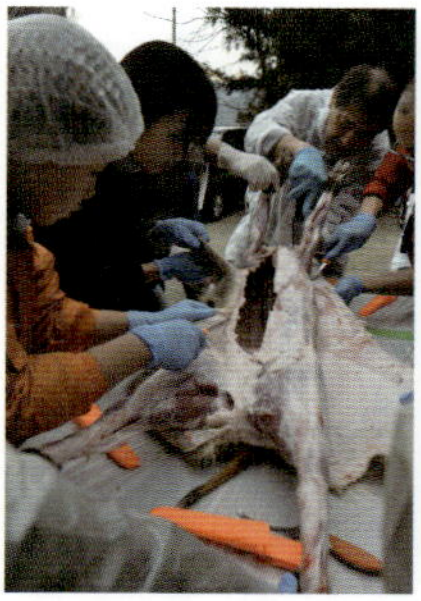
参加者が解体したイノシシは衛生上、食肉には出来ないため猟犬のエサに

猟師工房さんによる解体講座。この日は千葉の君津市で捕獲されたイノシシ２頭

猟師工房さんでは一般の方にシカやイノシシ肉の販売も行なっている

ニホンジカ

日本国内には北海道に棲む大型種のエゾシカや島嶼《とうしょ》部に棲むヤクシカ、ケラマジカなど多くの亜種が存在するが、『ともん』が主に用いるのは関東以西で捕らえられたいわゆるホンシュウジカだ。牛や豚などの家畜と比べて「低カロリー高タンパク」と謳《うた》われることが多いジビエだが、なかでもシカは上質の赤身が特徴でダイエット食としても注目が集まっている。いつか牛豚鶏と並んで、お手頃価格でジビエが広く販売される日が来ればとも思う。

シカ肉は独特のクセや臭みがあるとよくいわれるが、適切に処理されたものならほとんど感じることはなく、非常にあっさりとした食味でさまざまな料理に向く。背ロース、モモ、ヒレなどが特に美味で塊での利用もしやすく、ローストや燻製などで頂くとよい。対してスネやネックなどは筋が多く食べづらいため敬遠されがちだ。これらの部位は筋ごとざっくりと刻んだ後、ネギ・ショウガ・ニンニク等の薬味と合わせてていねいにミキサーにかけ、ミンチ状にする。そして味噌仕立ての鍋につくねとして加えれば、野趣あふれるシカのつくね汁の完成だ。仕上げにセリやクレソンを散らすと一層美味しく頂ける。

近年注目度が高まっているジビエ。適切に処理されたシカ肉は非常にあっさりとした食味でさまざまな料理に向く

獣に食い荒らされたシカの亡骸

最近では小型のシカの仲間、特定外来生物・キョンが千葉県などで生息域を拡大して問題になっているが、これらも単に駆除するだけではなく、食肉等での有効活用を目差してほしいと願う次第だ。

食味歳時記

『ともん』料理帖

『ともん』で四季折々にお出ししている料理例を大公開。いずれも森と川の恵みを凝縮した滋味あふれる逸品だ。食材が手に入った時はぜひご自分でも作ってみて頂きたい。

山菜・野草料理

山菜10種盛り

(「己」の字順に) カタクリの茎と葉のおひたし、カタクリの花の甘酢、シオデのマヨネーズ添え、ワラビのおひたし、オオイタドリの三杯酢、キノメのおひたし、ヤマワサビの三杯酢、ばっけ味噌（フキノトウ味噌)、ハリエンジュの甘酢、ヤマフジの三杯酢

・おひたし各種

塩一摘みを入れた熱湯で山菜を茹でる。葉物は根元、茎、葉の順に入れて均一に熱が通るように。しんなりしたら引き上げ流水で冷ます。茹ですぎには注意。醤油を軽く垂らすか、八方出汁で頂く。シオデは軽くマヨネーズを添える。

材料：山菜各種、塩、醤油 or 八方だし（だし汁：醤油：味醂＝ 4:1:1)、マヨネーズ少々

・三杯酢&甘酢

山菜は熱湯にくぐらせ、流水で冷まし、水気を切ったら三杯酢（甘酢）に浸す。一昼夜ほど冷蔵庫に入れて寝かせておくと味が落ち着く。

材料：山菜各種、塩、三杯酢（酢、薄口醤油、だし汁、砂糖少々)、甘酢（酢、だし汁、砂糖、塩少々）

・ばっけ味噌（P150 に作り方)

フキノトウを手早く茹で、一昼夜ほど水にさらす。水気を切り、細かく刻み、合わせ味噌、酒、砂糖、塩を加え、弱火で練り上げる。

材料：フキノトウ、合わせ味噌、酒、砂糖、塩

ワラビの醤油漬け

ふた付き容器に板昆布を敷き、醤油に酒少々を加え、アク抜き（P150）をしたワラビを漬け込む。2、3日寝かせてから頂く。好みで削り節をかける。
材料：ワラビ、板昆布、醤油、酒、削り節

コゴミとアブラコゴミのマヨネーズ和え

食感を残すように手早く茹でたコゴミは、水気を切り、食べやすい大きさに切り揃えてマヨネーズを添える。ほんの少し醤油を垂らすとよい。
材料：コゴミ、アブラコゴミ、マヨネーズ、醤油

ヤマウド3種

・ヤマウド酢味噌（右） ヤマウドは土や汚れを洗い落とし、葉先のみを残し皮を剥く。筋を残さないために皮は深めに剥くのがコツ。酢味噌に付けそのまま頂く。
材料：ヤマウド、酢、味噌（赤・白）、砂糖
※酢味噌は好みでだし汁を使い伸ばす
・皮のキンピラ（左奥） 前述のヤマウドの皮を千切りにしてから水にさらしアクを抜き、ゴマ油を引いて熱した鍋で炒める。調味料を加え炒り煮し、好みで鷹の爪の小口切りを加える。食感を残すためサッと仕上げる。
材料：ヤマウドの皮、ゴマ油、砂糖、醤油、酒、鷹の爪
・赤ウドの三杯酢（左手前） ヤマウドの根元に近い部位だけを食べやすい大きさに切り、サッと湯がいた後に三杯酢に漬ける。一昼夜も経つと鮮やかな赤色に染まる。
材料：ヤマウドの根元、三杯酢（酢、薄口醤油、だし汁、砂糖少々）

アブラコゴミの白和え

アブラコゴミを茹でて冷まし、食べやすい大きさに切る。木綿豆腐は布巾に包み重しをのせて水気を切っておく。豆腐に白味噌、砂糖、塩を加えアブラコゴミと和える。好みで煎り胡麻を加えてもよし。
材料：アブラコゴミ、木綿豆腐、白味噌、砂糖、塩

イワナと山菜の揚げだし

イワナはまだ骨が柔らかい小ぶりのものを使用。串を打ち、焦げ目がつかないように焼き、素揚げする。だし汁に山菜と調味料を入れて火にかけ、やがて水溶き片栗粉を加えてとろみあんを作る。揚げたイワナに熱々のあんをかけて頂く。
材料：イワナ、山菜各種、だし汁、醤油、味醂、塩、水溶き片栗粉

ツクシの甘煮

ハカマと開いた先端部（ボンボン）を取り除いたツクシをサッと茹で流水で冷ます。だし汁、醤油、酒、砂糖、味醂を合わせた地を煮立たせ、水気を取ったツクシを加えて一煮立ち。仕上げに削り節を加えて冷ます。
材料：ツクシ、だし汁、醤油、酒、砂糖、味醂、削り節

山菜天ぷら

山菜は汚れを落とし、水気をとる。テンプラ衣を作り、中温（170℃）でカラリと揚げる。広がりやすい葉物は数本を結んで揚げ、太いタラノメは基部に十字の切れ込みを入れるとよい。天つゆまたは塩で頂く。
材料：ヤマウド、ネマガリダケ、フキノトウ、コゴミ、ヤマブドウ、サワアザミ、タラノメ、ウワミズザクラ、コシアブラ、薄力粉、片栗粉、卵黄、塩、水

キノメ(ミツバアケビ)の巣籠もり

塩一摘みを入れた熱湯でキノメを茹でる。流水でしばし苦味を抜く。食べやすい大きさに切り揃え、井桁状に盛りつける。中央の凹みにウズラの黄身を落とす。軽く醤油を垂らすか旨味だしで頂く。
材料：キノメ、醤油 or 旨味だし（だし汁、醤油、酒、砂糖、味醂）

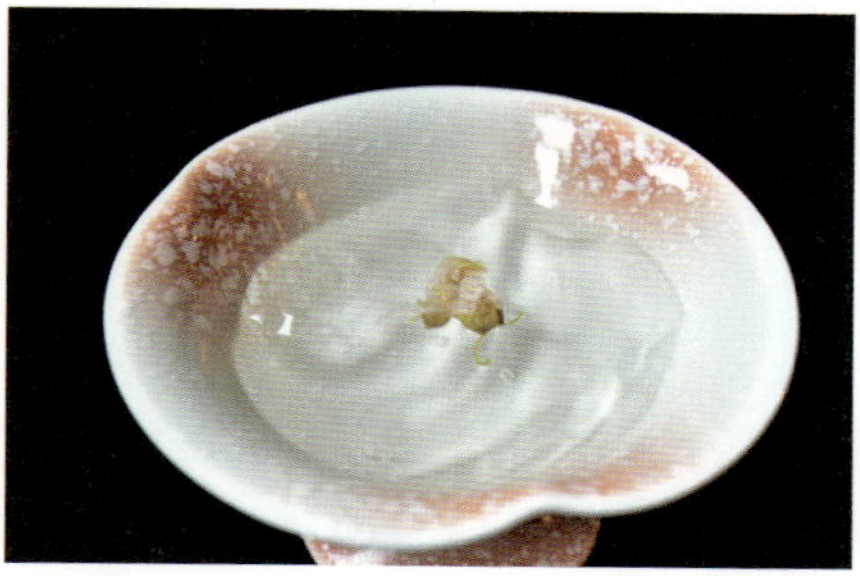

天然水のゼリーとハリエンジュのシロップ漬け

A：砂糖、塩、パールアガーをよく混ぜ合わせておく。天然水を沸騰させ、前述のものを加えてよく混ぜ溶かす。火から下ろしたら入れ物ごと氷水などで冷ます。少し固まったら冷蔵庫の中で3時間ほど置く。B：沸騰した水に砂糖を溶かし、軽くレモンをしぼってシロップを作り、サッと湯がいたハリエンジュの花弁を漬けておく。器に盛りつけたAにBを少々乗せて完成だ。
材料：ハリエンジュ（花弁）、天然水、砂糖、塩、パールアガー、レモン少々

山菜鍋

鍋にだし汁を入れ、ひと煮立ちしたところで鶏肉、山菜を加え、醤油と酒、塩で味を調える。山菜は火の通りを均一にするために、芯の太いものを先に、柔らかいものは食べる直前に加えるとよい。仕上げにお好みで刻んだ柚子の皮を散らす。
材料：山菜各種、だし汁、鶏肉、柚子、醤油、酒、塩

サルナシのシャーベット

サルナシを潰し、牛乳、砂糖少々を加えたものとよく混ぜ合わせて凍らせる。一度固まったものをふたたびざっくりと混ぜ合わせ、器に盛りつけ、丸ごと凍らせたサルナシを輪切りにし添える。
材料：よく熟れたサルナシ、牛乳、砂糖少々

セリ鍋

鍋にだし汁を入れ、ひと煮立ちしたところで鶏肉、山菜とキノコを加え、醤油と酒、塩で味を調える。食べる直前に山盛りのセリを加える。セリは歯応えを楽しむために長く煮込まず、しゃぶしゃぶのようにあっさりと熱を通して頂く。
材料：セリ、山菜少々、キノコ少々、鶏肉、醤油、酒、塩

●ワラビ整理&アク抜き●

❶採取したワラビは長さを揃えて、一握り分ずつ輪ゴムでまとめる

❷藁灰を入れた70～80℃のお湯にワラビを漬ける。落としぶたをして約一晩

❸流水でしばらくさらした後、水を張った容器に入れて冷蔵庫へ

●ばっけ味噌の作り方●

❶フキノトウをボイルする

❷流水にしばらくさらしてアクを抜く

❸味噌と酒、砂糖を合わせ、焦げ付かないように弱火で練り合わせて完成

アユの蓼味噌焼き

塩焼きと同様にアユを焼く。身に火が通ったところでアユの表に蓼味噌を塗る。味噌の表面がきつね色になるように炙れば完成だ。味噌は焦げやすいのでご注意を。
材料:アユ、蓼味噌（白味噌、砂糖、卵黄、酒、味醂、蓼）

川魚料理

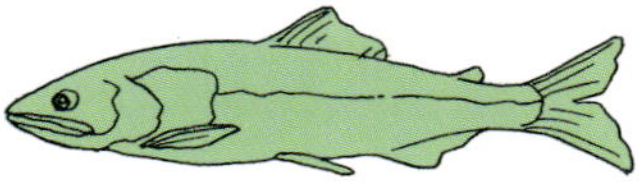

アユ

若アユの背ごし

まだ骨の柔らかな若アユを用いる。頭部を胸ビレの付け根で落とし、背ビレ、腹ビレ、尻ビレを取り除き、腹は開かずそのままの状態で箸などを用い内臓を抜いて鱗をこそぎ落とす。その後、身は輪切り状にして氷水にて締める。水気をとって頭部を中心に盛りつける。醤油でも酢味噌で頂いても良し。
材料：小ぶりなアユ、醤油 or 酢味噌

アユの塩焼き板盛り

アユは泳いでいるように串打ちし、ヒレと背に軽く塩を振る。活けアユの場合は火に掛けるとすぐに反り返っていくので、表→裏→表と返しながら火に当て、身が裂けるのを防ぐ。全体がきつね色になったら完成。蓼酢を添えても良し。
材料:アユ、塩、蓼酢（蓼を刻みすり鉢で摺ったもの、酢、塩少々）

アユの活け造り

アユは三枚おろしにし、身は皮ぎしのギリギリで皮を引く。お造りにした後、氷水で締める。醤油でも酢味噌で頂いても良し。
材料：アユ、醤油 or 酢味噌

アユ御飯

骨の柔らかな小ぶりなアユを選び、1合につき2匹を焦げ付かないようにじっくりと焼く。続いて土鍋で米を炊く。水に醤油少々、酒少々を加え、まずは沸騰するまで強火に掛ける。沸騰してきたら弱火にし、先程の焼きアユを乗せて15分。火を止めて蒸らしに再び15分。炊きあがったらアユを取りだし御飯と混ぜ合わせ、お好みで蓼や大葉を刻んだものや、柚子皮を散らして完成。
材料：アユ、米、水、醤油少々、酒少々、薬味（蓼、大葉、柚子）

イワナ
&
ヤマメ

イワナの塩焼き

イワナは泳いでいるように串打ちし、ヒレを広げるように塩を擦り込み、背にも軽く塩を振る。遠火の強火でじっくりと火を通し、全体がきつね色になったら完成。
材料：イワナ、塩

ヤマメの燻製

燻製には作成時の温度で冷燻、温燻、熱燻と分かれるが家庭で作りやすいのは温燻か熱燻だ。ここでは温燻（60～80℃）の手順を説明する。ヤマメは内臓・エラ・血合をきれいに取り除く。ソミュール液をつくり、鍋に入れて火にかけ、沸騰したら火を止めて冷まし布などでこす。水気を拭き取ったヤマメをソミュール液に漬け込み、ラップを落とし、冷蔵庫で5～8時間。その後、流水にて4時間ほど塩抜き。ザルあげし、水分を拭き取り、燻製用の干し籠などで風乾させる（冷蔵庫で一晩ほど風に当ててもよい）。表面がさらさらとした感触になったらスモーカーに入れ、約50℃で2時間ほど。その後、燻材を入れて70～80℃で3時間燻煙すれば完成。一晩ほど寝かせると香りと味が落ち着き食べ頃だ。
材料：ヤマメ（150～200gのもの）×10尾、ソミュール液（塩300g、三温糖50g、水2000cc、酒200cc、コショウやショウガ等の香辛料）、スモークチップorスモークウッド、ザラメ

イワナの骨酒

イワナは泳いでいるように串打ちし、ヒレを広げるように塩を擦り込む。塩の加減は塩焼きと比べて控えめに。遠火の強火でじっくりと火を通す。骨酒用のイワナは水分をしっかりと飛ばしきることが重要だ。仕上げに表面を軽く焦がすように炙る。飛び切り燗を用意しておき、熱々のイワナに回しかける。
材料：イワナ（養殖もの、ダムや本流育ちのものよりも沢育ちのイワナが骨酒に向く）、塩、日本酒

カジカ

カジカ酒

カジカはヒレを広げるように塩を擦り込み串を打つ。遠火の強火でじっくりと火を通す。イワナの骨酒と同様にしっかりと水分を飛ばし切ることが重要だ。仕上げに表面を軽く焦がすように炙る。飛び切り燗を用意しておき、熱々のカジカに回しかける。

材料：カジカ、塩、日本酒

サワガニ、川エビ、ドジョウの唐揚げ３種盛り

サワガニ・川エビは素揚げし、ドジョウは片栗粉をうっすらとまぶして揚げる。サワガニとドジョウは必ず生きているものを用いること。またサワガニは特にしっかりと火を通すことが重要だ。揚げたてに軽く塩を振り、お好みでレモンを搾って頂く。

材料：サワガニ、川エビ、ドジョウ、片栗粉、塩、レモンお好みで

サワガニ

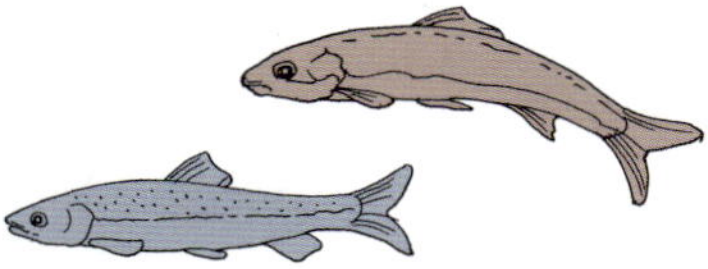

寒雑魚

天ぷら

雑魚の下処理として冬前のものは内臓をとる必要がある。しかし寒雑魚であればそのままで可。中温（170℃）でカラリと揚げて塩で頂く。大ぶりなものは頭部を落として開きにし、中骨をすいてから揚げるとよい。

材料：寒雑魚、薄力粉、片栗粉、卵黄、塩、水

甘露煮

素焼きした雑魚は一晩寝かせて身を締める。大鍋に雑魚を隙間なく敷き詰めていき、薄切りのショウガと酒を加え、上から落とし蓋と重し（雑魚が潰れないように軽めのもの）をして水の状態から火に掛ける。まずはこのまま一日弱火でコトコト。翌日落とし蓋と重しを外し、あっさりめに醤油と砂糖を加えて弱火でまた一日。最終日に醤油、砂糖、味醂で味を調え、照りを出すように汁を回し掛けながら煮詰めていき完成。

材料：寒雑魚、ショウガ、酒、醤油、砂糖、味醂

雑魚串

数尾ずつ串打ちした雑魚を火に掛ける。全体に火が通ったら軽く醤油を塗り、再び火に。表面を軽く焦がすようにしたら完成だ。

材料：寒雑魚、醤油

キノコ料理

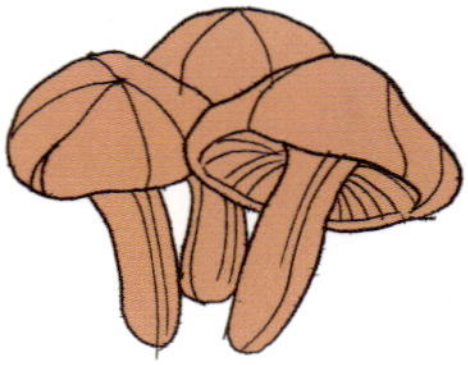

キノコ酢

汚れを落としたキノコを熱湯にくぐらせ、手早く流水で冷ます。水気を切り、三杯酢に浸す。キノコはナメコなどぬめりがある種を選ぶと食感に優れてよい。小ぶりのものはそのまま姿を活かし、大ぶりなものは適宜に切って用いる。

材料：アミタケ、ムキタケ、ナメコなど、三杯酢（酢、薄口醤油、だし汁、砂糖）

コウタケ3種盛り

生のコウタケはさっと湯通しして、流水で冷ましたら水気を取っておく。

・酒粕（左）：好みの酒粕を味醂で伸ばしコウタケを漬け込む。

材料：コウタケ、酒粕、味醂少々

・甘煮（中）：旨味だしでコウタケを煮る。じっくりと煮含める。

材料：コウタケ、旨味だし（だし汁、醤油、酒、砂糖、味醂）

・味噌（右）：田舎味噌を酒で伸ばしてコウタケを漬け込む。２、３日で完成。

材料：コウタケ、田舎味噌、酒少々

マイタケの燗酒

マイタケは手で裂き、水分を飛ばしきるようにカラッと焼く。温めておいたグラスにマイタケを移し、とびきり燗（約55℃）をそそぐ。頂く直前までふたをすることでマイタケの香りを一層楽しむことが出来る。

材料：マイタケ、日本酒

アユとキノコの揚げだし

山菜の項のイワナと同じく、アユは幾分小ぶりなものを選ぶ。串を打ち、焦げ目がつかないように焼いてから素揚げする。だし汁にキノコ、調味料、水溶き片栗粉を加えて作ったとろみあんを、揚げたアユにかける。
材料：アユ、各種キノコ、だし汁、醤油、味醂、塩、水溶き片栗粉

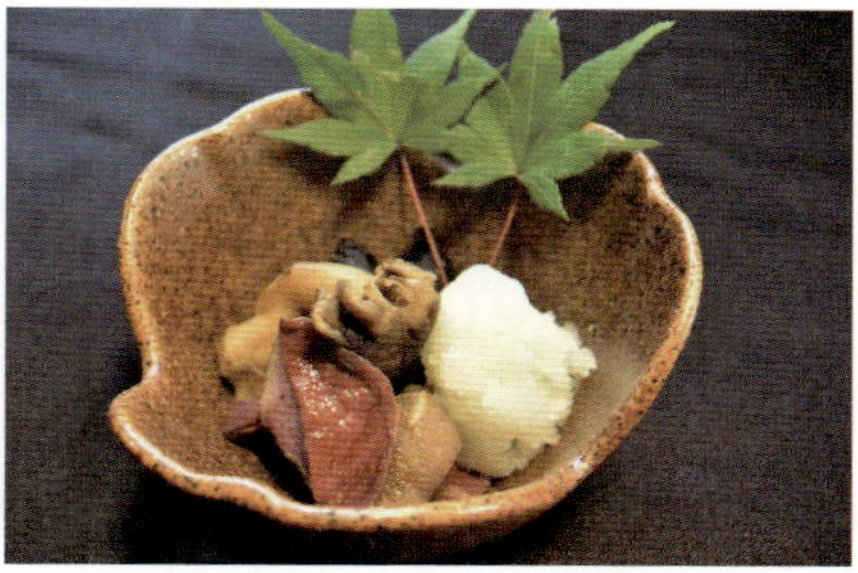

キノコのおろし和え

キノコは手早く茹で、流水で冷まし水気を切る。同じく水気を切った大根おろしを用意してともに和える。お好みでポン酢や甘酢をかけて頂く。歯応えのよいキノコが向く。
材料：クロカワ、ホンシメジ、アミタケ、大根おろし、ポン酢（or 甘酢）

コウタケとマイタケの炊き込み御飯

干しコウタケをぬるま湯で戻す。米に、戻し汁と水、昆布一切れと調味料を合わせ、コウタケとマイタケ（全分量の半分）を加えて炊く。炊きあがったところで残りのマイタケを入れ、10 分ほど蒸らす。よく混ぜ合わせれば完成。少し強めの味付けをしておくのがコツ。
材料：コウタケ、マイタケ、米、昆布、醤油、酒、塩

雑キノコの含め煮

ゴマ油を引いた鍋を熱し、キノコ、山菜、鶏肉を炒めてから、だし汁を加える。調味料で味を調え、煮詰めていく。濃い目の味付けで、こっくりと煮含めるのが上手に仕上げるコツ。
材料：各種キノコ、ゴマ油、山菜、鶏肉、だし汁、醤油、酒、味醂、砂糖、塩

ジビエ料理

シカ

背ロースのロースト

シカ肉の表面に塩、コショウ、すりおろしたニンニクを擦り込み、冷蔵庫で2時間ほど寝かせる。肉汁が逃げないように、よく熱したフライパンで表面をローストする。軽く焼き色が付いたらフリーザーバッグへ。酒、バルサミコ酢、オリーブオイルを入れて、空気をしっかりと抜き、70～80℃に保ったお湯の中へ。約30分(肉の厚さで前後する)で完成。ワサビや岩塩、粒マスタードなどで食べても美味だ。

材料：シカ肉のブロック500g、塩、コショウ、すりおろしたニンニク、酒、バルサミコ酢、オリーブオイル、ワサビ、岩塩、粒マスタードなど

キノコ鍋

鍋にだし汁を張り、ひと煮立ちしたところで具材を入れ、醤油と酒で味を調える。具材のキノコは種類が多ければ多いほど、味に深みと奥行きが生まれる。天ぷらやキノコ焼きで余ったものを使用してもよい。仕上げに三つ葉や刻んだ柚子の皮などを散らす。

材料：キノコ各種、山菜少々、だし汁、鶏肉、柚子の皮、醤油、酒、塩

キノコ天ぷら

キノコは汚れを落とし、水気をよく取っておく。天ぷら衣を作り、中温（170℃）でカラリと揚げる。シメジ類やマイタケ等、肉質のしっかりとしたキノコが天ぷらに向く。

材料：コウタケ、ブナハリタケ、チチタケ、ナメコ、クリタケ、ムキタケ、センボンシメジ、ハタケシメジ、ウラベニホテイシメジ、薄力粉、片栗粉、卵黄、塩、水

シシ鍋（牡丹鍋）

山菜・キノコを用意し、大きいものは切っておく（山菜・キノコは塩漬けしておいたものでも可）。またイノシシ肉は薄くスライスしておく。鍋にだし汁を張り、イノシシ肉と山菜・キノコを入れる。熱の通りやすい葉物などは食べる直前でよい。イノシシ肉は煮込めば煮込むほど柔らかくなる。味噌、醤油、酒、塩で味付けする。仕上げに生のセリやクレソンを加えると香りもさわやかで一層美味だ。

材料：イノシシ肉、山菜各種、キノコ各種、だし汁、白味噌、赤味噌、醤油、塩、酒

肩肉のロースト

イノシシ肉の表面に塩、コショウ、すりおろしたニンニクを擦り込み、冷蔵庫で2時間ほど寝かせる。肉汁が逃げないように、よく熱したフライパンで表面をローストする。軽く焼き色が付いたらフリーザーバッグへ。酒、バルサミコ酢、オリーブオイルを入れて、空気をしっかりと抜き、70～80℃に保ったお湯の中へ。約30分（肉の厚さで前後する）で完成。ワサビや岩塩、粒マスタードなどで食べても美味だ。

材料：イノシシ肉ブロック500g、塩、コショウ、すりおろしたニンニク、酒、バルサミコ酢、オリーブオイル、ワサビ、岩塩、粒マスタードなど

腿肉の燻製

シカ肉の表面に塩と三温糖を擦り込み、空気に触れぬようにして冷蔵庫で3時間ほど寝かせる。その後、水を張ったボウルに漬けて約30分塩抜き。ザルあげし、水分を拭き取ったら、コショウ、ショウガやニンニクをすりおろしたものを表面に擦り込み、燻製用の干し籠などで3時間ほど風乾させる（冷蔵庫でも可）。表面がさらさらとした感触になったらスモーカーに入れ、約100℃で30分燻煙すれば完成。燻材はサクラがオススメだ。魚の燻製と同じく、一晩ほど寝かせると香りと味が落ち着き食べ頃となる。

材料：シカ肉（脂身の少ない部位がむく）ブロック500g、塩20g、三温糖10g、コショウ少々、ショウガやニンニクをすりおろしたもの少々、スモークチップorスモークウッド

イノシシ

筆者プロフィール

戸門　剛（とかど・ごう）

　1984年生まれ。幼少期より父の薫陶を受けて渓流釣りに慣れ親しむ。都内の日本料理店にて修行の後、実家に戻り両親が営む料理店『山の幸、川の幸 ともん』を継ぐ。

　現在、週の半分近くは山河へと分け入っている。移りゆく季節の歩みを肌で感じられた瞬間がたまらなく好きだ。また、その地に棲まう動物、植物、暮らす人々とのつながりの一つ一つを大切にしていきたいと願う日々。愛してやまないのは、ひなびた温泉とご老人の昔語り。ちなみに独身。現在嫁さん募集中です。

ぼくの市場《いちば》は『森《もり》』と『川《かわ》』〝奇跡《きせき》の料理店《りょうりてん》〟食味歳時記《しょくみさいじき》

2019 年 4 月 1 日発行

著　者　戸門　剛
発行者　山根和明
発行所　株式会社つり人社

〒101－8408　東京都千代田区神田神保町 1 －30－13
TEL 03－3294－0781（営業部）
TEL 03－3294－0766（編集部）
印刷・製本　図書印刷株式会社

乱丁、落丁などありましたらお取り替えいたします。

ISBN978-4-86447-331-6 C2075

つり人社ホームページ　https://tsuribito.co.jp/
つり人オンライン　https://web.tsuribito.co.jp/
つり人チャンネル（You Tube）https://www.youtube.com/channel/UCCIUP1HVl--kU8B7SDj_ITQ
釣り人道具店　http://tsuribito-dougu.com/